DIGITAL FOR GOOD

数字小公民

>>>>> 成长指南 <<<<<

RAISING KIDS TO THRIVE IN AN ONLINE WORLD

〔美〕理查德·库拉塔 著
(Richard Culatta)

刘 立 译

中国出版集团
中译出版社

图书在版编目（CIP）数据

数字小公民成长指南 /（美）理查德·库拉塔（Richard Culatta）著；刘立译. -- 北京：中译出版社，2022.9

书名原文：Digital for Good: Raising Kids to Thrive in an Online World

ISBN 978-7-5001-7116-4

Ⅰ.①数… Ⅱ.①理… ②刘… Ⅲ.①信息化社会—儿童教育—家庭教育 Ⅳ.①G201②G782

中国版本图书馆CIP数据核字（2022）第123105号

北京市版权局著作权合同登记号
图字：01-2021-7060

Original work copyright © 2021 Harvard Business School Publishing Corporation
Published by arrangement with Harvard Business Review Press
Unauthorized duplication or distribution of this work constitutes copyright infringement.
The simplified Chinese translation copyright 2022 by China Translation and Publishing House
ALL RIGHTS RESERVED

SHUZI XIAOGONGMIN CHENGZHANG ZHINAN

出版发行：	中译出版社
地　　址：	北京市西城区新街口外大街 28 号普天德胜大厦主楼 4 层
电　　话：	010-68359719
邮　　编：	100088
电子邮箱：	book@ctph.com.cn
网　　址：	www.ctph.com.cn

策划编辑：	刘香玲　张　旭
责任编辑：	刘香玲　张　旭
文字编辑：	张程程
特约编辑：	刘　柳
营销编辑：	毕竞方　刘子嘉
版权支持：	马燕琦　王立萌　王少甫
封面设计：	万　聪
排　　版：	北京竹页文化传媒有限公司

印　　刷：	中煤（北京）印务有限公司
经　　销：	新华书店
规　　格：	880毫米×1230毫米 1/32
印　　张：	8
字　　数：	200 千字
版　　次：	2022 年 9 月第 1 版
印　　次：	2022 年 9 月第 1 次

ISBN 978-7-5001-7116-4　　定价：59.00 元

版权所有　侵权必究
中 译 出 版 社

前　言

　　你好，朋友。祝贺你成为两个世界育儿项目的首批家长成员，你将能同时在现实世界和数字世界中体验育儿的喜怒哀乐。现实世界，即人类日常生活的世界，如我们带孩子去的游乐场、在上班路上比邻而坐的公交车、我们骑单车往来的社区等，这是父母抚养我们长大的世界。但其实孩子同时也在数字世界中成长。数字世界是一个我们通过计算机、智能手机和可穿戴设备等工具可以访问的"平行宇宙"，也可以称其为互联网世界。在这个"宇宙"中，人类能通过远程操作获取新闻、进行线上购物以及虚拟会面等。

　　现在，父母们每天都可以毫无阻碍地在两个世界中切换自如，但是没有意识到在孩子的头脑里不曾有过无法进入数字世界的记忆。孩子们从来没想过他们的父母曾经还经历过无法在网络上购买滑板及无法在智能手机上播放《曼达洛人》(The Mandalorian)。为了让孩子在现实世界里生活得更好，我们为孩子做了各种准备。我们安排孩子的定期体检确保他们的健康，鼓励他们抹防晒霜进行防晒、戴头盔保护他们的安全。我们教导他们如何为人处世，比如在操场上和其他孩子友善玩耍、拜访他人之前需要征得他人同意、告别时要道谢、为不便之人提供帮助、学会换位思考等，类似的准备还有很多。但是，我们在数字世界里为孩子做的准备还远远不够。

数字世界越来越普及，我们却从未想过如何确保孩子在数字世界里的安全与健康。在如何帮助孩子适应数字世界的问题上，我们显得盲目乐观。如今，网上谣言如病毒泛滥、网络欺凌比较普遍、个人数据会被滥用，在这种情形下，我们教育孩子时不能简单敷衍。好在我们还可以通过一些途径改变目前毫无准备的状态，去达到更好的教育效果。这些途径包括让孩子了解更多数字化世界的运作方式、用简单的方法教会孩子如何利用技术等，帮助孩子在数字世界里健康生活、茁壮成长。

我们都在互联网中

与只在现实世界中成长的人相比，拥有数字世界通行证的我们能接触到更多的人。我经常思考我祖父与我儿子在生活经历上的差异。1929年，我的祖父萨尔瓦多·库拉塔（Salvatore Culatta）年仅14岁，他搭乘"S.S.普罗维登斯号"客船，从意大利的巴勒莫出发，前往美国纽约市。那个年代，他能接触到的人数主要取决于他所处之地80千米半径内的居民数，还有就是他可以有多少时间去新地方认识新的人。即使电话得到普及，但通常也只是认识的人之间相互联系，因此我祖父的朋友圈在他有生之年都不可能迅猛扩大。

可我儿子本杰明·萨尔瓦多（Benjamin Salvador，与他曾祖父同名）的生活却与他曾祖父完全不同，这得益于曾经一个名为ARPANET的小项目。20世纪90年代，蒂姆·伯纳斯-李（Tim Berners-Lee）成功使用计算机网络创建了万维网，为今后互联网的发展与演变奠基。如今，任何拥有计算机和网络浏览器的人都可以浏览存储在网络服务器上的"页面"。只生活于现实世界对网民来说已成为过去。当然，今天的互联网早已不再局限于计算机连接和浏览网页，而是旨在突破时间、空间、语言等在现实世界中限制人们沟通交流的阻碍因素，将世界各地的人们联系起来。

如今这个时代，无论何时何地，我们都可以通过互联网联系他人。在互联网世界，我儿子一天内接触到的人，可能比他曾祖父一年接触到的人还多，或更夸张地说，比一些人一生接触到的人还要多。这种与他人之间越来越广泛的接触从根本上动摇了孩子们在现实世界的成长。现实距离不再成为他们和谁玩耍、和谁工作、向谁学习的阻碍。

向数字化世界迁移

数字世界正迅速取代现实世界成为我们的主要活动空间，我们在数字世界中开展许多重要的日常活动。目前全世界都在努力应对新冠肺炎疫情。当前，我们需要改变自己的想法，要思考哪类活动在线上进行也能达到不亚于线下进行的预期效果。实际上，我们已成为数字劳动力，绝大多数专业人士都在虚拟数字空间工作。[1] 医生不用再局限在办公室给病人看病，而是转移到网上，而病人也可以通过各种远程医疗小程序线上预约专家。[2]

想看电影或喜爱的电视节目时，75% 的美国家庭会选择使用网飞（Netflix）或其他流媒体服务。戴上 Oculus 耳机，我们可以将客厅变成非洲野生动物园或国际空间站。多亏有了亚马逊，还有它的竞争对手，超过 90% 的美国人现在都选择在线购物，因为无论什么商品，就算小如眼镜或尿布，都可以通过邮件快递便捷地送到家门口，甚至可以通过无人机快速送达。[3] 统计数据显示，我们在现实世界中遇到心上人的概率会越来越小，因为约会也几乎全部转移到了数字世界。[4]

前　言

新冠肺炎疫情来势汹汹，全球大约 12 亿名学生离开实体教室，迁移到数字世界完成学习。其实，新冠肺炎疫情之前，只需要完成线上课程的美国大学生每年增长超过 35 万人。[5] 可汗学院目前有来自约 190 个国家和地区的近 5 000 万名学生参与其在线学习课程，BYJU'S（印度最大的在线学习网站）的注册学员约 1 亿人。非正式学习也几乎完全转移到了数字世界（86% 的视频网站用户表示，他们是通过视频网站学习新东西的）。[6]

有一些由现实世界迁向数字世界的活动虽然不明显，但是很有变革性，如没有实体形式的线上餐厅——幽灵厨房。[7] 人们直接向掌勺厨师下虚拟订单，然后线上与送货服务（如饿了么和美团）沟通，将做完的食物送到家门口。顾客使用数字银行支付餐费，就像幽灵厨房一样，数字化银行没有任何实体存在。在某些国家，所有金融交易已经完全转移到数字世界，纸币已经成为过去式。中国的零售金融交易部分是通过扫描二维码进行的。世界各地的实名制投票，甚至说所有投票活动，也正在向数字世界迁移。[8]

计算机能力的惊人增长加速了数字迁移。将我口袋里的手机和把宇航员送上月球的计算机做对比，前者的处理能力是后者的 1.2 亿倍！[9] 网络的新发展有望增加带宽，实现零延迟（那种与别人视频交谈时会遇到的、令人讨厌的延迟）。届时，许多其他类型的活动很快也会迁移到数字世界，如我们很快就能看到观众在管弦乐队音乐会现场,而客座指挥却能通过全息影像从世界任何地方加入进来的场面。如今,患者必须与医生在同一个房间才能进行阑尾切除手术,这限制了人们实时获得医疗救治。借助无线网络,医生将能够在世界任何地方进行远程手术。技术给我们带来前所未有的便利,满足了我们的个性化需求,它将帮助我们的孩子体验更多活动,创造更多新东西,学习更多新知识,联系更多新朋友……技术的作用远远超出任何人的想象。

从物理空间向数字空间的迁移标志着孩子们的生活正在发生根本性转变。虚拟数字空间中发生的事件并不是他们生活的附属品,而是构成生活的一些最重要的元素。物理空间的局限性曾塑造或限制了我们对生活的设计,但是如今却不会再限制我们的孩子。

休斯敦,我们有麻烦了

尽管数字世界已触手可及,为人类提供无限可能,但所有的孩子,包括我儿子,都有可能会见识到这个世界黑暗的一面。数字世界的优点的确数不胜数,但各类棘手问题也层出不穷,问题出现的根本原因在于父母很少花时间来制定参与数字空间的基本规则，这是我们在这方面的纰漏。过去20年，我们一直在兴奋地探索如何将各种活动迁移到数字世界，但我们没有意识到如何维护数字世界里的公民社会。由于对数字世界里的行为缺乏标准，同时人们可以在这个世界里随意开展匿名活动，我们实际创建了一个这样的环境：不断优化自身，然后自寻毁灭。

我们需要提出标准、注明规则，明确什么才是有意义的和文明的在线行为。这有助于我们的孩子在网上优化自己的同时，也能帮助其他人扬善戒恶。我认为，作为数字世界的公民需要在网络空间中负责任，遵守健康行为规范。真正发挥作用的数字公民是那些知道在虚拟空间如何尊重他人及与他人互动，并使用技术来改善虚拟环境和实体环境的人。如果我们不清楚如何创造出一代积极、高效、文明的线上数字公民，那么这令人叹为观止的平行空间最终将变成一个大家都唾弃的地方。甚至可能发展到人们想迁移回现实世界却为时已晚的地步。这个后果是灾难性的、无法挽回的。本书的目标就在于开启新的对话，帮助我们的孩子在数字空间中茁壮成长。该书会教孩子成为有贡献的数字公民，能够积极塑造数字空间及其中发生的一切活动。本书如同我们的用户指南，引导我们进入亘古未有的数字世界。

我们将在第1章里明确影响我们在数字世界中正常运作的四种数字功能障碍，并探讨如果不破除这些障碍，会存在哪些风险。第 2 章着眼于向孩子传达我们对他们在线行为的明确期待，我们的教育方法存在的问题及克服这些问题的措施。目前形势紧急，在线安全教育力度远远不够，我们需要用更全面的方法来打造未来的数字公民。第 3 章到第 7 章分别讨论了孩子们需要学习的五种实用的数字公民技能，包括均衡安排、平和包容、见多识广、积极参与、保持警觉。最后的两章中，读者们将会认识我们团队的其他成员，以及知晓我们对未来数字世界的期望和愿景。

  目前的数字世界存在着一些功能障碍，如果你下意识地想要退出数字世界，我也不会反感你的做法，因为确实有人提过类似的建议。最近我了解到社会上有这样一种风气，即鼓励父母做出让孩子在八年级之前远离任何电子设备的承诺。有些人声称，他们听说硅谷科技公司的首席执行官不让他们自己的孩子接触电子产品（据我所知，这个说法来自 10 年前对史蒂夫·乔布斯的一次采访，当时人们误解了乔布斯的话）。[10]

  是的，远离数字世界可能会在短期内让人感觉更好，但它也剥夺了我们的孩子从小养成良好习惯的机会。这和我们为了防止孩子接触仇恨言论就不让孩子阅读的做法很相似。让孩子完全远离电子设备，他们就失去了养成数字世界健康习惯的重要机会，实际上会增加风险、增多危险。要想实现终身学习，承担养家糊口的责任，或是成为现实世界的领导者，我们的孩子必须从小就要学会如何负责任地使用数字工具。问题不在于科技本身，而在于我们没有对孩子如何在数字世界中成长提出正确的要求。对孩子提出要求、明确期待，并确保科技平台能创建健康的在线社区，比完全切断孩子和电子产品接触要难得多，但这是我们作为父母可以为孩子做的、能确保孩子有个健康、快乐的未来的最重要的事情之一。

认识你的向导

当我还是个呆萌的幼儿园小朋友，我的科技之旅就已经开始。当时妈妈认为我们家应该有一台 Apple IIe 计算机，方便我学习未来时代的技能。得益于她在罗德岛大学工作，我便可以访问 Gopher 和 Telnet（互联网的早期版本），这启发了我：通过单击按钮与世界上任何地方的专家联系是有可能的。时光飞逝，我在美国参议院工作时看到了我小时候玩过的技术如何将选民的声音直接带入我们在华盛顿特区的办公室。多年后，作为家乡的首席创新官，我再次利用科技，让家乡成为美国第一个在所有州立学校教授计算机技术的州，帮助人们更容易地获取大学教育，让我们的城市变得更加安全，把学生打造成解决问题的科技人才。

2012 年，我被任命负责美国教育部教育技术办公室的工作。在奥巴马政府执政期间，我目睹了科技如何让第一代大学生更容易规划大学教育、申请大学项目；科技如何增加退伍军人获得医疗福利的机会，科技如何识别潜藏的恐怖分子，防止他们损害国家利益。我的职位让我有机会与世界上最大的科技公司密切合作，因此我对技术力量有着独特见解，这种技术力量让我对人类的身份深感自豪。目前，我担任国际教育技术协会（ISTE）的首席执行官，工作期间，我的工作重点是利用科技确保所有学生都能获得高质量的学习机会以满足他们的个性化需求。

妻子桑德拉（Shaundra）和我育有 4 个很优秀的孩子。尽管我的职业让我一直在钻研科技和学习，但我们夫妻俩已经意识到我们完全没有准备好怎样给自己的孩子培养技能，这些技能都是他们在数字世界中茁壮成长所需要的。我们又很幸运地能够总结从父母那辈学到的经验教训，努力教我们的孩子做出正确的决定、尊重他人并向好的榜样学习。比如在给孩子进行初步的两性关系教育时，我们想起父母当初给我们解释宝宝从哪儿来时的尴尬神情，不禁哈哈大笑，但即使是尴尬的记忆，也为我们提供了一个参照，帮助我们在给孩子讲相同话题时改进方法。

然而，很多家长和老师却没有任何参照可以帮助孩子成为发挥积极作用的数字公民。许多书籍和博客似乎更侧重于拿科技带来的危险吓唬我们，而不是提供策略教我们的孩子使用科技来丰富生活。类似《恶灵存在：他在你孩子的后兜里》(*The Boogeyman Exists: And He is in Your Child's Back Pocket*)或《最愚笨的一代：数字时代如何愚弄美国青少年并危害我们的未来》(*The Dumbest Generation: How the Digital Age Stupefies Young American and Jeopardizes Our Future*)这样的书让我们感到害怕，不仅如此，还让我们忽视了一直不教孩子正确使用科技的严重后果。我们在抚养孩子时所观察到的事实，或者我在世界各地教育系统中所看见的例证，都没有证实科技正在让孩子变得更笨，并且实际情况恰恰与之相反。

在与其他父母交谈时，我发现我和妻子并不是孤军奋战。这促使我踏上征程，寻找父母和教师可以使用的各种策略，帮助孩子在数字世界取得成功。本书适用于父母、社区领导者和教育工作者，他们可以将本书的一些深入见解转化成实际行动，在不断演变的数字世界中培养出优秀的孩子。在阅读的过程中，父母有时可能会有这样的想法："真希望我早点知道这些见解。现在我的孩子都长大了，现在开始会不会太晚了？"我要说的是：改变家庭的数字文化，永远不会太晚。当然，某些原则在刚接触网络的孩子身上更容易落实。但是，即使孩子已经有了一定的网龄，现在重新考虑何种方式可以帮助他们在数字世界中茁壮成长，也为时不晚。无论你是幼儿家长或教师，还是少年、青少年或介于两个年龄段之间学生的家长或教师，都可以应用本书中的方法将孩子塑造成健康的数字公民，甚至学会应用它们来改善自己的网络行为。

考虑改变一所学校或一个家庭的数字文化时，重要的是父母和孩子都要参与其中，而不是"严以待人，宽以待己"；让大点儿的孩子参与，孩子可以根据自己的数字体验所养成的习惯提出建议。父母或者教师可以谈谈成为发挥积极作用的数字公民的重要性，帮助孩子了解在数字世界中采取恰当行为的意义。在使用技术方面，确定你们现有家庭文化的积极因素与消极因素（作为一个家庭，你们在哪些方面做得好，在哪些方面有待改进）。确定他们对做出改变可能有的顾虑（例如，手机不在我床边，我能否准时醒来）。改变文化不是一蹴而就的，而是需要持续的探讨。请记住，尽管会向孩子征求意见，但是你仍然拥有最终决定权，不允许孩子讨价还价。

我的目标是开始一场关于在数字世界中如何抚养孩子的新研讨。其实我们早该行动了。这场研讨既不建立在恐惧之上，也不回避数字技术，而是应用我们在现实世界中已经熟悉的优秀育儿经验和教学技能，帮助我们的孩子，确保他们在数字世界中取得成功。如果我们做好了，我们将为所有人创造一个更美好的未来。我们将为所付出的努力感到自豪，也会满怀希望地展望未来。

理查德·库拉塔

目 录

01 数字功能紊乱 / 1

02 对数字公民的迫切需求 / 17

03 均衡安排 / 37
按指引而为

04 见多识广 / 71
畅游信息海洋

05 平和包容 / 99
尊重、平衡各种观点

06 积极参与 / 119
借科技之力建设美丽家园

07 保持警觉 / 145
创建安全的网络空间

08 发挥团队合作的力量 / 165

09 我们的数字未来 / 193

注 释 / 213
致 谢 / 231
译后记 / 235

01

数字功能紊乱

我一直对飞机很着迷。小时候，我房间的墙上贴满了飞机海报。大学时，我曾在一个飞机实验节上担任机组成员。初为人父时，我会带着我的孩子去机场玩"猜飞机游戏"，我们在飞机飞过头顶之前竞猜飞机的类型。我妻子每周六要上小提琴课，家里必须得有一个安静的环境，于是我便带着孩子们去参观国家航空航天博物馆。

大约10年前，在女儿的鼓励下，我决定自己学习如何驾驶飞机。像所有新飞行员一样，首先从考驾照开始，这个驾照允许我在可视条件下驾驶飞机。和驾驶汽车一样，在可视条件下飞行，观察窗外，明确目的地，并根据看到的情况不断进行调整，做出所有的飞行决定。如果看着好像要撞上别的飞机，就转到另一个方向去。为了确保飞行水平度，要观察地平线与机头的位置，然后调整机翼，直到机头与地平线保持平行。降落时，需要找准跑道，并调整速度和高度。一般情况下可以仅凭目视飞行就驾驶得很顺利，可是在云层里那就是另一种情况了。在云层，什么都看不见。尽管驾驶飞机的基本方法是一样的，但在可视条件下做所有决定的参考点，现在已经没有了。

仪表飞行指导飞行员使用飞机上的设备来避免撞机，保持飞行水平度，并在无法目视窗外的情况下安全着陆。在我开始努力获取飞行执照时，我发现最难的事情之一是学会相信仪表而不是相信我的直觉。一旦看不见我习以为常的视觉线索，我的直觉就会发出各种错误信息。每年都会有飞行员在飞入云层后，尽管驾驶飞机的物理原理没有改变，但因为他们还没有掌握如何参考仪表飞行，如何识别和纠正自己的行为，所以不到3分钟就把飞机开得一团糟。[1]

与数字世界的接触就像进入云层，极大地改变了我们在现实世界中的导航方式。由于这些变化没有先例经验，我们下意识依赖我们的直觉和经验来决定如何在这个数字世界里行事，就像驾驶飞机一样。尽管作为现实社会积极成员的基本要素没有改变，但当我们身处一个陌生环境，不了解如何使用工具让自己保持稳定状态时，我们的直觉未必有效。根据罗德岛大学媒体素养专业教授雷尼·霍布斯（Renee Hobbs）的数据，2/3的美国家庭没有在家中制定任何使用数字设备的策略。在现实空间，我们类似于视觉飞行员，数字世界类似于云层。由于我们还没有经过任何培训，我们的数字功能障碍暴露无遗，在数字世界理不清头绪。下面我们将谈论在数字世界安全生存的策略，在此之前，我们需要首先了解数字世界存在哪些危险。下面我们先看看数字功能紊乱的四个代表性例证，这种紊乱会影响我们孩子的健康成长，威胁公民的美好未来。正如我在引言中提到的，本书并不悲观厌世，但对我们的数字未来持乐观态度并不意味着对危险视而不见、避而不谈。我的目标不是详尽列出所有问题，而是提供一些参考点，强调问题的紧迫性。

数字商业广告的轰炸

第一种数字功能障碍源于互联网的基本商业模式——数字世界的运转资金主要由广告资助。这导致每天有超过3 000条广告对我们的孩子进行轮番轰炸。[2] 美国心理学会的研究表明，8岁以下的儿童在认知方面和心理方面对广告毫无抵抗力。他们不理解"营销"的概念，因此完全接受广告宣扬的表面价值。这里讲的广告，不是老式的报纸广告，也不是我们小时候看的《辛普森一家》（*The Simpsons*）剧集之间插播的百事可乐广告，现在的在线广告与非广告内容杂糅，孩子们很难区分二者。大多数孩子甚至无法分辨网站的哪些部分是广告，哪些部分不是。[3] 网络本身的用户体验已经发展到将我们要寻找的信息分散到多个页面，以便针对目标设置更多广告陷阱。

数字广告能最大限度地挖掘和利用每个人不同的弱点。它先收集我们的观看历史和购买历史，而后通过复杂的算法推算我们特定的行为模式，再利用这些数据对我们的未来行为进行高度准确的预测，并修改广告，使其在适宜时刻出现，发挥最大的吸引力。这就是所谓的说服力架构。它的效果如何？几年前，《纽约时报》报道了一位父亲要求塔吉特公司道歉的事件，该公司为其十几岁的女儿发送婴儿服装和尿布广告。这位父亲并不知情，但塔吉特公司的算法已经根据他女儿的数字足迹推测出她已怀孕。塔吉特公司不仅知道哪些顾客怀孕了，而且还可以根据她们的在线行为弹出一个估测预产期的窗口，准得惊人。[4]

持续不断的数字广告造成了不少非常现实的问题。首先，亲子矛盾增加。例如，广告刺激子女购买欲望，如果遭到父母拒绝，这就增加了父母与子女之间的冲突。其次，有针对性的广告诱导年轻人进行消费的情况令人担忧。例如，电子烟广告精准定位，向数百万正在吸烟的初中、高中学生投放。[5]有针对性的广告也是导致儿童肥胖的因素之一。数以百万计的孩子选择吃不健康的食物，只是因为他们最喜欢的卡通人物出现在广告上。[6]不知何故，迪士尼人物似乎从未出现在西蓝花的包装上。除此之外，儿童电视节目中对某些类型广告的限制规则目前尚不适用于互联网，因此，即使是精心挑选的在线视频或处理过的网站，也可能被恼人的广告攻陷，我们对此却束手无策。

不过，受目标广告驱动的互联网真正令人不安的原因是我们默许营销方使用孩子最私密的个人信息，导致孩子更容易受骗上当。不知不觉中，已允许别人利用这些个人信息，比如孩子的焦虑或抑郁状态、身体健康状态，甚至女儿的月经周期等，来操纵孩子的行为，最终别人赚得盆满钵满。[7]作为人类，我们在阻止以上行为方面几乎毫无建树。正如社会学家泽内普·图费克奇（Zeynep Tufekci）在她那令人获益匪浅的 TED 演讲中所解释的，"我们正在被广告轰炸"。[8] 即使不知道数字功能障碍这一说法的人，看了上面的事例，一定很快也能得出结论——我们素不相识的营销方系统地剥削孩子，而为其创造收入。

数字压榨和滥用

第二种数字功能障碍是人际交往中的故意伤害。这种行为在数字世界中越来越多，玷污了数字世界。其形式主要有欺凌、仇恨言论和剥削，这种令人震惊的残酷行为在数字世界的无数案例中不断发酵。阿曼达·托德（Amanda Todd）是一个土生土长的加拿大青少年，喜欢唱歌、艺术、动物和雪花，最喜欢紫色。[9] 阿曼达七年级时转学到了一所新学校，通过视频聊天认识了新朋友。她会对着镜头唱歌跳舞，她很享受别人的关注和赞美。大家告诉她，她美丽又迷人。不过，一次聊天时，有人说服她发布自己的胸部闪照。[10] 不久，当时只有 13 岁的阿曼达在网上收到一个陌生人的信息，信息中他威胁阿曼达，如果不继续拍裸照，他就在网上公开她上身赤裸的照片。这些照片还将被贴到色情网站上,网站链接也会发给她的网友。阿曼达开始焦虑、抑郁、恐慌。

为了躲开这个勒索者,她的家人决定搬家,在新的地方让她有新的开始。可是一年后,勒索者再次出现。他创建了一个虚假账户,用阿曼达的裸照作为主页图片,并开始联系她新学校的同学们。阿曼达说:"我每晚都以泪洗面,失去了所有的朋友,别人不再尊重我……"她只好再次搬家,搬到另一个城市、另一所学校,可仍是不停收到威胁信息和辱骂。次年九月,阿曼达在视频网站上发布了一个名为"我的故事"的视频,视频里尽是"挣扎、欺凌、自杀、自我伤害"的画面。[11]她用一系列照片,从第一视角讲述了这个痛苦的经历。视频里,阿曼达手中的第一张卡片上写着:"我决定告诉你我那漫长又痛苦的故事。"视频发布后不久,阿曼达在家中上吊自杀。

网络欺凌是在数字世界中通过短信、社交软件,甚至多人游戏发生的任何虐待或骚扰行为。在这个世界里,观众不受限制、不受控制,可以在网络上随意查看与分享内容。网络欺凌表现为多种形式,包括分享关于他人的负面信息或给他人带来伤害和造成威胁的内容,通常包括分享他人的私密信息,试图造成尴尬或羞辱。网络欺凌的几个特征使其比现实世界中的欺凌更难以处理。首先是规模。虽然听起来很奇怪,但在现实世界中,欺负人是需要付出"努力"的(欺凌者和被欺凌者之间需要有必要关联),这实际上有助于限制伤害和受伤害的规模。然而,在数字世界中,一条伤害性评论或一张不雅照片可以立即与同龄人、陌生人广泛分享,只需点击或敲击一下键盘就可以了。

数字世界不仅给欺凌行为提供生存土壤,而且也给肇事者提供了容易逃之夭夭的条件。数字世界允许它的公民去做一些在现实中被禁止的事,这一切都是无时空限制的结果。数字公民看不到彼此的伤痛,也听不到旁观者的反对声,更无法得到任何权威人士的纠正——而所有这些因素都能遏制现实世界的残忍行为。由于我们的准备工作没有做足,没能尽早教育孩子并使其明白不良行为在两个世界造成的后果一样严重,数字世界的后果有时甚至更严重。因此,我们在解决这个问题上没有取得多大进展。

现实世界的欺凌通常仅限于特定的地点,如公共汽车站、更衣室等,而网络欺凌却没有时间和地点的限制。这意味着当孩子在现实世界中遭遇欺凌,他们可以撤退到安全的地方躲避欺凌,如自己的家或朋友家,但网络欺凌却让他们无处可逃。通过网络,欺凌随时随地发生,根本无法摆脱。阿曼达的例子并不是个例,因为即使转移到新学校或新的州,也不能保证欺凌会停止。数字世界里,距离并不是问题。而互联网的匿名性使人很难分辨究竟谁是罪犯,这让人们更难阻止线上欺凌。

我们已经完全自满于一种数字文化,这种文化默许数字世界里的欺凌和虐待,而肇事者甚至根本不用承担任何后果。皮尤研究中心(Pew Research Center)最近的一项研究表明,近60%的美国青少年曾在网上经历欺凌或骚扰。[12] 令人更震惊的是,近90%的青少年曾目睹过网上欺凌,并且大多数人对此无动于衷。[13]

网络欺凌文化也不能完全归咎于年轻人。50%以上的美国人在网上经历过仇恨言论和骚扰。[14] 我们在每个新闻网站的评论区几乎都能发现网络欺凌。《卫报》对其网站上近150万条辱骂性评论进行分析,结果表明:由女性和非白人男性撰写的文章始终吸引着较高比例的辱骂性评论。[15] 即使是领导人,那些我们期望孩子视为榜样并努力效仿的人,也可能是网络欺凌的同谋者。美国政治领导人的推文也会有一些不良信息,包括骂人、散布谣言和贬低对手私生活等。预防欺凌专家雪莉·戈登(Sherri Gordon)说:"学校里的孩子们观察着这些领导人采取的欺凌策略,然后他们也可能运用这些策略攀爬社会阶梯。"[16]

扭曲是非，误导三观

第三种数字功能障碍是欺骗容忍度增加。利用数字工具，我们创造了一套不同于现实世界的参照标准。这些标准歪曲了我们的现实感受，损害了我们的自我认知。数字世界提供了分享平台，我们可以从中看到其他人生活的私密部分。这时，我们很容易情不自禁地拿自己和别人做比较。

比较是人类的天性，可以激励我们改善生活、更加努力地工作，但是，数字世界暗中用小伎俩改变了我们大脑的逻辑。当我们可以选择如何在数字世界中塑造自我形象时，我们经常会把自己更积极、更令人印象深刻的一面展示出来。我们很少发布自己的负面消息；相反，我们专注于自己的成就、机会和高光时刻。然而，当我们滚动屏幕，浏览各种社交信息时，我们却经常拿别人美化过的生活正面与我们真实的生活负面做比较。休斯敦大学心理学家梅丽·阮·斯蒂尔（Mai-Ly Nguyen Steers）称这个为"向上的社会比较"。[17]《纽约时报》报道，美国人花在洗碗上的时间是打高尔夫的 6 倍，但网络推文却说美国人花在打高尔夫的时间是洗碗的 2 倍。数据显示，拉斯维加斯的经济型马戏团娱乐场酒店（Circus）和豪华的贝拉吉奥大酒店（Bellagio）的住宿人数大致相同，但后者在网上的打卡人数约为前者的 3 倍。宝马和奔驰等豪华汽车的车主在网上晒车的概率约为普通品牌和型号车主的2倍以上。[18]

慢慢就会发现,这种"向上的社会比较"造成了越来越多挥之不去的失落和抑郁,尤其是在年轻女孩群体中。[19]阿肯色大学教育和健康职业学院院长布莱恩·普里马克(Brian Primack)发现,频繁查看社交媒体的人与查看次数少的人相比,患上抑郁症的风险几乎要高3倍。[20]英国皇家公共卫生协会发现,青少年是社交媒体的最大使用和消费群体,他们使用社交媒体的频率与他们的外貌焦虑相关。[21]类似Facetune这样的应用程序只会加剧他们的焦虑,因为这类程序鼓励青少年先筛选美化过的照片,再发布到社交媒体,这样他们看起来更"完美"。数字世界创设的标准不断美化,我们已经开始美化自己。

侵蚀我们的文明

第四种数字功能障碍是各类威胁我们社会文明的活动,如频繁使用数字工具传播错误信息。我们的孩子在数字世界中成长,网络攻击危害他们的安全,这种负面影响远远超过现实战争或恐怖袭击。

我们对网上猖獗制造并传播虚假信息视而不见，这本身就凸显出目前我们能力的欠缺，无法区分网上哪些是事实，哪些是谣言。博识慎思，从而做出正确选择，是维护良好社会制度的支柱，但博识慎思的前提是我们能够获取可靠的信息。要获取可靠的信息就意味着要确保新闻界有充分的自由撰写新闻报道，不必担心遭到报复。然而，随着社交媒体逐渐成为我们主要的信息来源，极大影响了我们做出有效决策的能力，这可能是前人无法想象的。在数字空间，新闻以算法上的受欢迎程度（如点击率、阅读量、转发率等）胜出，而非可信度决胜负，这使得人们越来越难以分清网络信息的真假。

2017 年，全美网上分享最多的几则新闻如下：第一则是据美国国家公共广播电台报道，大量选举希拉里·克林顿的选票系伪造；第二则报道称一名死囚在告别人世前的最后一餐吃了本《圣经》；第三则是加州一所学校的儿童被迫在课堂上学习伊斯兰教义。[22] 尽管热度很高，但以上三则都是假新闻。2020 年，新冠肺炎疫情蔓延，一张 10 年前的全球航空线路图被恶意篡改标注为新冠肺炎疫情传播图，引发全球恐慌。这张图被分享数千万次，甚至有些电视新闻都在播报。[23] 仅推特（Twitter）月均分享约 400 万条拙劣不堪的假新闻。[24]

虽然我们知道数字世界中充斥虚假信息确实是个问题，

但我们似乎没有充分重视这个问题，只是觉得它讨厌，却并没有意识到它的危险性。[25] 我们也许会觉得虚假信息是由一个古怪然而不怀恶意的用户随便发发而已。这么一来，我们其实忽略了一个现实：病毒似的虚假信息是削弱国家安全的军事武器。由于我们容易受到社交媒体上夸大分裂的言辞的影响，这使得我们对破坏国家稳定的行为几乎没有防御能力，而从事这些行为的人根本无须踏上该国领土。

2021年1月，全世界见证了虚假信息那病毒般的影响力：美国国会大厦遭到暴徒袭击。上一次美国国会大厦遭到袭击还是在美国第二次独立战争期间，而且袭击者并非美国人。这一次暴徒袭击除了亵渎历史建筑、导致多人伤亡，还引发了公众广泛质疑原本自由公平的选举。公众丧失对选举过程的信任，这是网上故意传播虚假信息的后果。虚假的数字信息助长两极分化，因为它让任何有信仰的人都感觉自己无比正确，而且不必费心费力去调和人与人之间的分歧。社会心理学家乔纳森·海特（Jonathan Haidt）说："网上的政治讨论（通常是在彼此匿名的陌生人之间）比现实生活中的讨论更易让人愤怒，言辞更不文明；各党派铁杆粉丝们创立的网站共同构建了越来越极端的世界观；虚假信息层出不穷，此起彼伏；暴力意识形态不断吸引新成员的加入。"海特接着说："现在，公民们相互之间的联系越来越多，可是这些联系都发生在那些被设计用来刻意传染愤怒情绪的平台上。"[26]

病毒性虚假信息与社会衰退直线相连，密切相关。记者冯·德雷赫（Von Drehle）提醒我们，"反民主者选择的战场是互联网"。今天对我们公民社会最具破坏性的攻击来自网络，而不是炸弹火药。

科技只是加速器

我们确实有问题，并且很严重。这些数字功能紊乱的例子让我们看到我们的健康、幸福和文明都置于危险之中。飞行员飞入云层后失去对飞机的控制，与此相同，我们的数字功能障碍暴露出我们自身在运用数字技术方面准备不足的问题，更无从谈起教育自己的孩子了。

为了恢复正常飞行，或避免整个人类坠落深渊，我们必须了解自己最初是如何进入数字云的。找到这个问题的答案迫在眉睫。我们本可以花10年时间从人类学视角研究社会价值观的瓦解，以及在与之相伴的资本体系中盲目推进现代技术的滥用。但在我们受命开展这项研究之前，我相信，实际上我们有一个更简单的答案。我们的数字功能障碍源于我们忘记科技不是人，它没有良知可言。这个说法听起来很愚蠢吧，但事实确实如此。我们向百度透露了我们最隐私、最关切的问题，而其则像超人一样无所不能地精确回应我们的所有问题。

纽约大学教授斯科特·加洛韦（Scott Galloway）指出，一些搜索引擎十分令人信服。[27]社交媒体平台比我们更了解我们家人和朋友的兴趣。它们会提醒我们某个朋友就要过生日了，而我们自己可能早就把这件事抛之脑后，这时我们会觉得它们好像很关心人。其实，我们忘记了，这个我们如此信任、掌控我们所有私密细节的数字平台，其实根本不关心我们，甚至没有认识到它们促成的这些人际互动究竟价值何在。

科技只是一个加速器，无论我们把它应用于什么任务，都只会起到加速效果。实时视频技术可以将千里之外的奶奶与孙子、孙女联系起来，同样也可以发展一个价值数十亿美元的报复性色情行业。能够帮助读者不受限制地接触到世界上所有书籍和艺术作品的开放网络，同样也能实现每年盗取6 000亿美元的网络钓鱼诈骗。[28]科技可以加速信息的传播，但无法保证信息真实与否，这是相互矛盾的。科技可以促进数百万人之间的互动，但却漠不关心他们意图是否良好。

与其把科技看作一个可信赖的、有良知的朋友，不如将其视为曲面镜。它放大了我们人类的本质，无论好坏。它展示了科技用户的价值观，当然往往会极端化。正如艺术家及作家詹姆斯·布里德尔（James Bridle）所说，通过编码将隐私上传至数字世界，科技有能力阐释我们所有那些不同寻常的、隐秘的欲望和偏见。[29] 人类有责任赋予数字世界以良知，我们必须积极教导我们的孩子如何做到这一点。如果我们不采取行动，我们的数字互动将继续恶化，直至善良腐烂，文明崩溃，数字功能障碍遍布虚拟世界，成为不可逆转的困境。

但这种未来也是完全可以避免的。科技虽然放大了我们的期望和偏见，但其自身也完全暴露在我们面前，人类随时随地可以改变它。我们以一种肉眼可见的方式优化我们的新闻来源，这时我们就不能假装自己没有信仰或没有期望了。我们可以有所选择有所作为，充分利用科技的加速力量，改造世界、辨明人性。我们可以培养新一代人，教导他们在成长过程中学习如何将这曲面镜聚焦于促进有意义的人际互动，并用其解决群体中的棘手问题。事实证明，科技的良知必须是人类自己。

02

对数字公民的迫切需求

自人类社会出现，人类就一直群居生存。在进化过程中，我们能够围绕共同利益开展合作。正因如此，现实世界的安全、快乐和活力才能得到保证。群居生活帮助我们应对极其复杂的挑战，不管是教育问题还是疾病困扰，个体都不能自行解决，而群体则行。群体的形成基于共同兴趣或经历，比如生活在同一个社区或信仰同一个宗教。在现实世界中，处于群体的我们会参加"家长教师委员会"（PTAs），集资为孩子的学校建造新操场，或者会加入众筹组织，为生病的邻居筹集医治费用。

在所有从现实世界向数字世界的迁移中，群体的迁移对我们而言是最重要的。就像现实世界的群体一样，成为一个数字群体的成员并不需要一份明确的登记表。当我在YouTube上观看视频，考虑选择哪种类型的狗适合有小孩的家庭时，我就成了YouTube群体的一分子以及关心宠物狗的群体的一分子。只观看视频或阅读别人的帖子时，我可能处于这个群体的外围。但当我添加评论、提出问题或开始分享自己的内容时，我就成为这个群体中更积极的成员。

群体需要共享空间

1989年，社会学家雷·奥尔登堡（Ray Oldenburg）撰写了《第三场所》（*The Great Good Place*）。[1] 在书中，奥尔登堡谈到了拥有共享空间的必要性，他将之称为"第三场所"（生活场所和工作场所是另外两个）。这些第三场所是公园、商店、图书馆，以及其他任何允许我们聚集在一起，并可以与不同群体的其他成员互动的空间。奥尔登堡认为，第三空间对于培育社会群体不可或缺，这些群体是维护社会正常运转的基础。

数字世界中拥有不少第三场所。它们是人际互动的平台，包括优酷、微博等。不得不提数字商城——阿里巴巴，那里有一个专门评论产品的庞大群体。数字群体空间和它们的实体前身一样真实，在我们的生活中发挥着同样重要的作用。

作者兼企业家埃里·帕里瑟（Eli Pariser）关注的是，现实世界中我们创建了有效运转的群体，数字世界中创造同样有效运转的群体便有经验可循。根据帕里瑟的说法，现实世界中群体创建是否成功，有三个关键元素：首先是空间的功能，其次是该空间的活动质量，最后是拥有该空间的人能否保持空间的秩序和吸引力。

帕里瑟指出，当我们把第三场所迁移到数字世界时，我们把时间花在第一个关键元素上，即开启群体内合作的功能。我们为此创建了各种小工具，比如发布内容、分享内容、创建播放列表和"点赞"他人等。但与现实共享空间不同的是，我们并没有把精力放在提高活动质量上，也没有规定谁来负责维护空间,确保用户群体不仅能感觉安全,而且体验到温馨。

成为数字公民必须认识到:数字空间不仅是交易性质的网页,而且对于保证现实世界的持续健康发展至关重要,因此需要加倍呵护数字空间。换言之,必须认识到:数字世界的价值不仅仅在于娱乐,还在于它类似一个大型试验空间,在那里,我们可以检验各种想法、丰富我们的生活、改善周围人的生活。正因如此,我们在数字群体中的所作所为真的很重要。如果我们希望减少数字功能障碍,并为孩子们创造一个有益于成长的数字世界,那么我们就必须针对数字公民的某些行为达成共识,并一起努力教导孩子,做他们的榜样。

如何在共享空间中行事

健康的群体总能确定共同的期望来规范成员行为。一个教会团体会对其成员提出爱邻如己的期望。一个足球队的成员们会对规则有统一期望,不仅是书面的比赛规则,还包括成员间打交道的不成文的规则,如准时参加训练、输得服气、服从教练安排等。

关于如何在群体中行事,榜样学习一直为主旋律,明文规定的指导规范少之又少。不过多年来我们显然一直致力于在现实世界中建立群体行为规范。在个人层面，乔治·华盛顿于 1746 年在一部法国作品的启发下撰写了《公司和谈话中的文明和体面行为规则》(Rules of Civility and Decent Behavior in Company and Conversation) 一书。书中的 110 条准则，旨在给读者传授体面且规范的行为礼仪，以便帮助他们提前准备好在共享空间进行人际交往。在那个更单纯、宽容性更强、令人怀念的时代，艾米丽·波斯特（Emily Post）是礼仪标杆式的存在，成为社会礼仪的榜样。在国家层面，《权利法案》(The Bill of Rights) 为美国的公民群体确立了规范。

如今，我们一样会使用各种工具传递我们现实世界里的群体规范。举个例子，有一次，我在伦敦旅行，看到地铁站海报上写着"如果有人感到不适，请帮助他们下车"。同样，香港国际机场的所有自动扶梯上都有指示牌，告诉旅客要"照顾好儿童和老人"。最近，我开车经过犹他州，看到这样一个广告牌，上面印着宣扬建立友谊的传奇人物——罗杰斯（Rogers）先生的照片，照片上写着"友谊，传递下去"。之后，类似的"友谊传递"广告牌在全国各地涌现，内容包括号召我们为他人服务、克服种种考验、保持身心健康等。我所生活的社区的规范都是通过市政厅会议和通讯信息传达的，如对犯罪保持警惕、支持社区游泳队，以及在夏天记得修剪草坪等。家长和老师花了很多时间帮助幼儿熟悉学校的行为规范。我们教孩子们尊重老师，在操场上有序玩耍，并善待那些外貌或言行不同的孩子。

假如我们不重视教导共享空间的群体规范，或者不能持之以恒地教导所有群体成员，那么这些规范体系迟早会全面崩溃。教导、传递行为规范的任务十分具有挑战性，因为维护共享空间正常运行这件事总被视作是他人之责，英国经济学家威廉·福斯特·劳埃德（William Forster Lloyd）称之为"公地悲剧"。19世纪，劳埃德发现农民在共享土地上过度放牧，最终导致所有人都无法使用，而他们在私有土地上则仔细管理放牧的数量。换言之，要求每个人都对某件事情负责，其实等于没有人负责，最终损害的是所有人的利益。

如何提升数字世界的生活品质，第一步就是需要认识到我们的在线活动是参与一个数字群体，而不仅仅是对网站的随意浏览。作为特定的数字群体成员，我们应该具备参与感和所有权意识，同时要敏锐地察觉到我们的数字"公地"也可能发生类似的悲剧。我们在指导孩子如何在数字世界生活时，首先需要教会他们一套规范，这是数字世界对数字公民行为的期望，这可以弥补数字世界天生缺失的良知。下一章开始，我们将详细探讨这个问题。

教导数字空间中的行为规范

你可能好奇为什么我如此强调读者要注意现实世界和数字世界之间的差异。真的有必要将两者区分开来吗?此外,如果我们只是想要孩子做一个好人,那么无论他们是在数字还是现实空间,这些规范难道不应该同样适用吗?了解这些问题的答案,是确保我们的孩子在数字世界能健康成长的根本。

首先,我们必须了解大脑的工作机制。以我的朋友克里斯为例。他去教堂积极参加"善待同胞"的课程时,他会为紧随其后的、带有孩子的家庭扶门,他会放慢脚步,然后帮助一位老太太顺利走完停车场的台阶。他的举止向世人展示了他的课程学习成果。可是,当他驱车回家,在路上遇到路人挡路时,他却狂按喇叭并对路人大吼大叫,这显然不符合教会的教导。出了什么差错吗?这不是那个有扶门意识而且帮老人下楼梯的人吗?难道他把刚才的教导都抛在脑后了吗?这很难回答。这个例子说明了人类认知研究中的一个现象:环境一旦发生变化,我们就很难恰当地运用自己曾经在其他环境中遵守的道德概念和行为规范。

❖ **不同环境中的学习**

认知研究表明,受教育环境如果利于运用知识,就能获得最高的学习效率。回想一下高中或大学的数学课的学习环境。你听老师讲课,看老师板书,完成老师分配的任务。考试的环境与学习知识时的环境非常相似,形式与课堂学习时相似,可能你拿到的卷子和课程笔记十分相似,只是需要你填涂答案而已。经过一段时间的学习,你能在考试中表现出色。但是,如果要求你在现实世界中运用这些知识,你也许会发现,使用这些数学技能很费劲,或者根本就找不到这些知识技能与现实世界之间的联系。即使基本概念可能相同,可是文字不同,表达形式不一,那么寻求解决方法就变得很困难。

学习环境与运用知识技能的环境相同或相似时,学习效果实际上是最显著的。这也是为什么许多学校开始开展实操学习,它们更加注重实操表现,而非局限于书面考试成绩和教科书教学。同理,航空公司花费数百万美元购买飞行模拟器,让飞行员练习在紧急情况下如何安全着陆,而不是仅仅拿书面成绩去判定一个飞行员合格与否。越是在能模仿技能使用的环境,就越有可能回忆起相关技能。

有鉴于此,我们首先得区分开在现实世界和数字世界所教技能的差异。如果孩子们在数字世界中没有实践机会，那么期望他们能够将我们在现实世界中教给他们的技能运用到数字世界中是不合理的，因为后者与前者大相径庭。如果我们想让孩子在数字世界中保持宽容善良，我们就必须在数字世界中教授并示范什么是宽容善良，我们必须公开讨论并举例说明在数字世界的第三场所中什么样的行为才是有效的。

教授数字公民的方法存在根本缺陷

如今，很多人都在努力教年轻人如何进行网上操作，如果我们对此视而不见，那是我的疏忽。家长和老师都越来越关注到我们的数字功能障碍症，他们也着手开展一些重要的对话。但是，出发点虽好，教学方法却存在两个根本缺陷。下面我将指出这两个问题，希望我们能共同制定一条更好的发展道路。

❖ **不仅仅是网络安全**

我们教授数字公民时，第一个常见错误就是把教授重点放在网络安全上。我们可能会花大量时间教孩子一些安全技能,比如不要在网上分享个人信息,不要发布一些他们以后可能会后悔的东西,或者不要和陌生人在线交谈。教导孩子们网上安全的基本原则很重要,我也认为这是数字公民要具备的。但网络安全只是孩子在今天的数字世界中茁壮成长所需技能的一小部分。网络安全有点像汽车遮阳板上的警告,告诉我们要系好安全带。这确实是基础要求;我们在做任何事情之前都要先学如何保持安全,如果我们有意忽视,那就是不负责任。但是,要成为一名有安全意识的驾驶员,系好安全带并不需要我们花费大量精力去学习。我们的绝大部分精力应该花在学习更复杂的技能上,比如如何阅读路面标志、如何操纵汽车,还有如何使用导航等。

  作为父母,我们需要扩大教授的知识面,不能只局限于如何保持安全。真正的数字幸福是使用科技丰富我们的生活,使我们的社会群体变得更好;是使用科技与朋友和家人建立健康关系;是能够快速找到正确的信息来源,学习新事物并做出正确的决定;是适当地平衡我们的线上活动和线下活动。这些知识技能都能丰富我们的生活,它们远远超出了安全的范畴。安全虽然很重要,但仅仅满足于入门状态的教授网络安全,意义何在?如果我们不能提出一个更广泛、更有意义的愿景,比如使用科技丰富孩子的生活,我们还不如直接丢弃所有的数字设备。

❖ 拒绝禁止型教育

第二个常见错误是，我们所教的大部分内容都是消极的。我们告诉孩子们所有他们不应该做的事情。比如，"不要定位你的位置""不要看不该看的图片""不要花那么多时间玩手机"。不要做这，不要做那。我们若把数字公民教育归纳为一张"禁止做某事"的清单，这是一种误导。虽然用意良好，但"禁止做某事"的清单实际上可能成为一个负面的暗示。做个小测试：试着不要想一只粉红色的小象，小象身上有一把雨伞，伞是打开的，伞上装饰着熊猫图案。这个详细描述，是不是已经在引导你想象出了这个画面？

20世纪50年代，我父亲在一所私立宗教学校上学。每个学期，教务主任都会按照校长的要求给学生们发两份清单，一份列出他们永远不应该犯的错误，另一份列出禁止他们阅读的书籍。据我父亲回忆，学生们在得到清单那一天所做的笔记，比他们一年做的笔记还要多。然而，学生们通过清单了解到他们还有哪些"错误"没有犯，明白了暑假可以阅读哪些"禁书"。因此，孩子们在数字世界生存时，给他们提供一份"禁止做某事"的清单确实存在风险，它可能恰好为孩子们提供了一些他们之前从未考虑过的想法。这份清单强调的是消极方面，却没有告诉孩子们积极方面是什么样子。

　　用"禁止"的方法来教授数字公民的另一个风险是，我们可能得先违背这些"禁令"。学习数字公民的技能需要练习，而且是多年练习。想象一下，如果我们教孩子弹钢琴，我们是要告诉孩子所有不正确的弹琴方法吗？不是的，我们要教孩子从正面出发。要学习弹钢琴，他们首先要学习音符的名称，然后学习如何阅读乐谱，最重要的是反复练习。学习成为一个成功的数字公民也是如此（另一个例子，见下一部分的"防止网络欺凌的积极方法"）。

　　采取消极方式教育数字公民本来就不可取，因为消极方式缺乏说服力。为了证明这一点，20世纪80年代，凯斯西储大学的教授大卫·库柏里德（David Cooperrider）和苏雷士·斯里瓦斯特瓦（Suresh Srivastva）进行了一项有里程碑意义的研究。他们注意到，公司处于困境时，传统的商业顾问会找出所有错误的决策和行为，并向管理层提交一份他们应该解决的问题清单。但是库柏里德和斯里瓦斯特瓦的研究发现，如果呼吁管理层关注他们已经做对的事情，而不是关注已经犯下的错误，实际上可以让公司更快地扭转不利局面。[2]这个方法被称为"欣赏式探询"。现在世界各地的商业顾问都在采用这个方法。通过加倍强调良好行为的积极方面，而不是强调错误行为的消极方面，可以更快地改变原先的错误行为。

最后，关于设定数字世界的行为标准，我们给孩子教什么，所教的内容就会成为他们的行为参照。

防止网络欺凌的积极方法

网络欺凌不断增加，为防止网络虐待导致青少年自杀，学校开展的反网络欺凌的活动逐渐增多。我很高兴看到教育界认识到了这一欺凌的严重性，但反网络欺凌活动充其量只是一种创可贴式的方案，并不能从根本上解决问题。首先，我们不应该等到孩子们已经受到网络欺凌，才开始试图阻止这一切。我们至少应该花同样多的精力创造一个不允许任何网络欺凌的数字世界。教导其他关键生活技能时，我们就是这么做的。我们不教孩子反文盲，相反，我们教他们热爱阅读。我们不教孩子反懒惰，相反，我们给他们示范健康的运动习惯。

与其教反网络欺凌，不如从一开始就教如何防止欺凌：在我们的数字空间中，公认的行为规范包括对他人的友善和诚实；人们若不遵守这些规范，就会自食其果。

在此分享一个学校的机智做法。它放弃了原先消极的数字公民教学方法，转为采取积极的方法。拉卡纳达是洛杉矶郊外的一所美国国家蓝丝带学校①，每年大约接收4 000名学生。该学校的使命是培养适应21世纪的新型人才，他们的教

---

① 译者注：蓝丝带学校（Blue Ribbon School）是美国政府给予中小学校的至高荣誉。

数字小公民
成长指南

> 学注重培养学生的沟通技能、创造性解决问题的能力和公民参与意识。为了确保学生做好成为出色的科技使用者的准备，当地领导珍妮弗·齐恩（Jennifer Zine）和大卫·帕斯基维茨（David Paszkiewicz）意识到他们需要一种新的教学方法，让学生有机会实践，为创建良好数字世界做贡献。老师没有告诉孩子们必须停止网络欺凌，而是开始倡议"建立网络友谊"，教孩子们如何成为友善的网络朋友，让孩子们练习如何发布值得思考的信息，帮助孩子们认识到倾听的重要性，从而创造有意义的在线对话。学生通过参加该项目，探索他们在数字空间可能扮演的不同角色，并逐渐认识到他们的个人行为可以对他们的朋友，甚至更广泛的网络社区产生积极影响。

虽然总是会有偏离参照标准的情况，孩子们总会做出一些超出我们期望的选择，或者有时候，他们的选择欠缺考虑。但我们的教育决定了起点。如果我们从"不要越雷池一步"开始，那么一旦我们的孩子误入真正的破坏性区域，我们就没有了缓冲的余地。多年前，一家运输公司面试卡车司机应聘者。行车路线很危险，途经许多陡峭的悬崖，还要穿过一个隧道。经理在面试每个申请人时，都问他们："贴着山峰行驶时，你能开到离悬崖边多近的地方？"第一位应聘者回答称，他的技术很棒，可以在离悬崖边缘不足1米的范围内行驶。第二位应聘者吹嘘自己车技精湛，可以让轮胎离道路边缘不到 5 厘米。最后一位应聘者回答说:"我会尽可能远离悬崖边缘。"最后这位应聘者通过了面试。

以上例子放在我们该怎样教育孩子在数字世界生存来看,就是我们要将起点放在安全地带。这样即使孩子犯了错误,他们仍然离数字悬崖很远。这并不意味着我们永远不能确定什么是禁止的界限,但如果我们的大部分精力都集中在确定和示范一个健康的数字公民的预期属性上,对我们自身以及孩子都好。

抓住机会,重新设定期望

确保孩子健康茁壮成长,创造一个更有希望的数字世界,这些理由足以让我们开始一场关于如何教授数字公民的新对话。不过,现在又出现了新情况,增加了解决问题的紧迫感,即学校和家庭的互联网访问量大幅度增加。

在为奥巴马总统工作时,我的职责之一是制定国家教育技术计划——如何在学校使用数字技术的愿景和指南。[3] 如能有效使用科技,那么学校便可以强有力地解决许多长期存在的教育挑战。数字技术能让学校获取最新的在线资源,为农村学子提供线上优质师资。以田纳西州查塔努加的一所

STEM[②]学校的成功为例,该校能够远程操作位于南加州大学的一台价值 200 万美元的扫描电子显微镜,是因为两个学校都连接到了同一个高速网络。[4]

  不过,在制订国家教育数字技术计划时,我们发现像查塔努加这样的 STEM 学校是个特例。大多数学校缺乏优质网络,无法使用任何数字技术开展教学。南卡罗来纳州的一位教师对这一点的比喻给我留下了深刻的印象。霍里县学区邀请我来分享一些数字技术教育知识,以便提升学生的学习兴趣。我分享了查塔努加等学校的例子,通过巧妙使用技术来改变学习,当地的教师们聚在一起耐心地听我讲述。等我讲完后,坐在屋子后面的一位老师举起手,问我是否"尝试过用吸管喝花生酱"?我还没来得及问她是什么意思,她就解释说,用吸管喝花生酱就是在她的教室里尝试上网的感觉。屋子里爆发出热烈的掌声。回到华盛顿后,我们的团队发现,尽管我们声称美国是全球首批互联网覆盖校园的国家之一,美国 100% 的学校都连了互联网,但实际上大多数教师在教室里没有互联网可用。由于我们的统计依据的是只要学校建筑的任何部分能连接互联网,该学校就被归类为"联网学校",我们实际上仅仅是将 100% 的学校建筑连接到了互联网上,有时可能一个学校只有计算机实验室或图书馆能

[②]　译者注:STEM 是科学(Science),技术(Technology),工程(Engineering),数学(Mathematics)四门学科英文首字母的缩写。

联网。在总统和教育部长的指导下,我们重新定义了"联网学校"的含义(即在所有教室配备宽带无线网络)。在教育非营利组织、企业领导人、教育研究人员、两党政治家和全国各地学校教师的支持下,我们重新制定了联邦通信委员会的预算,补贴学校的上网费用。不到3年,美国的教室宽带网覆盖率从15%激增到98%。

部分国家也参照了美国的做法,优先为学生提供网络连接。新冠肺炎疫情期间,学生们以在线学习为主完成学业,之前我们所有的努力加上家庭互联网覆盖率的增加,让孩子们无论在家庭还是在学校都能获得网络连接,这是前所未有的局面。这也促使我们重新思考在现有的数字空间行为习惯成为常态之前,我们该如何教育孩子,让孩子明白应该成为什么样的数字公民。这是一个制定新准则、提出新期望的好机会;这是一个谈论各种问题,而不仅仅局限于网上安全问题的好机会;这也是一个展开积极对话的好机会。不过坏消息是,人们还远远没有关注到进行这种讨论的必要性。因为简单地在学校里增加一门课是没办法提高人们对该问题的关注度的,所以我们需要在家庭和学校创造一种数字文化。这是一扇独特的窗户,我们这代人只能打开一次,很快它就会关上。如果我们不重新设定期望,现有的杂乱无章将继续下去,最终我们这代人将失去思考如何培养下一代数字公民的唯一机会。

展开一场新对话

我们不能在教授数字公民的方法上草草了事。伴随着最近家庭和学校宽带网覆盖率的增加,我们得到了一个独特的机会来审视现今的数字文化。我们对话的主题需要比在线安全更广泛,对话应该关注孩子的某些积极特性,如擅长模仿、乐于实践等,他们的这些特性可以改善我们的群体,建立健康的数字关系。接下来的内容里,我们将探讨五种特性,其将指导我们怎样教导孩子创建健康的数字世界。

均衡安排 懂得均衡安排的数字公民合理参与各种在线活动,并能明智地管理时间,知道如何在数字世界和现实世界里优先安排某些活动。

见多识广 见多识广的数字公民善于评估数字媒体准确与否、视角如何、逻辑是否合理,并能培养自己高效管理数字信息的关键技能。

平和包容 平和包容的数字公民愿意听取、接纳多种观点,并以尊重和同情的态度与他人进行在线交流。

积极参与 积极参与的数字公民擅于使用数字技术解决

问题，并为现实世界和数字世界增添正能量。

保持警觉 有警觉意识的数字公民十分了解自己在线行为的效果，知道如何保证自身安全，同时为他人创造安全的数字世界。

在探索这些特性时，我以现实世界中大家都熟悉的育儿理念、教学理念为参照，便于帮助我们成功驾驭数字世界中的育儿行为和教学行为。对于上面提到的每一种特性，我都将给出起步和推进策略，以将其纳入我们的家庭和学校文化中。这样，我们可以加速建设健康的数字世界以及为其增加"人性"。

有个任务似乎令人望而生畏，它便是要求我们跟上孩子们的步伐，进入他们可能参与的数字世界的各种空间。但是，一旦将以上五项特性变成我们自己的数字行为习惯，并花时间了解我们的孩子正在经历什么，这个任务就变得容易了。作为父母，我们可以先熟悉抖音等数字空间，了解这些数字群体的背景，然后可以与孩子讨论他们在哪些数字空间有什么活动，就像我们询问他们要去的聚会或周六下午和哪些朋友一起玩一样。这本书将教导如何展开这些对话，帮助孩子准备好应对网络空间的各种危机，同时教导他们成为数字世界中的一股正能量。

正如埃里·帕里瑟所说，如果数字世界成为我们的新家，那就让我们把它变成一个舒适、美丽的居所。一个我们都有主人翁意识的地方，一个我们可以相互了解的地方，一个我们真正想去的、并乐意把孩子带去的地方。

03

均衡安排
按指引而为

数字小公民成长指南

无论父母还是孩子，几乎都避不开自行车这个"槛"。这么多年来，我们基本都使用训练轮这个老办法来教孩子们学会骑自行车。在孩子们习惯独立骑自行车前，这些摇摇晃晃的小轮子给孩子们带来安全感。问题是，看似专业的训练轮实际上是阻碍孩子学会骑自行车的"罪魁祸首"。行驶也罢，转向也罢，都没有保持平衡重要。因此，训练轮一取下，就会出现让人心惊肉跳的场面：父母跟在完全失衡的孩子后面疯跑，祈祷孩子不会摔倒。即使没人骨折，使用训练轮的孩子往往需要更长的时间才能学会独立骑车。另外，从有训练轮到没有训练轮，这个转换困难重重，还不如一开始就没有训练轮。

随之，有人冒出了疯狂透顶的新想法：生产一种没有脚踏的小型平衡自行车。众所周知，平衡自行车帮助孩子们首先解决骑车中最重要的部分——掌握平衡和转向，然后才是次重要的部分——使用脚踏，后面的这个技能没什么难度，一学就会。我的孩子们试用了这种小型平衡自行车，他们从没有让我心惊肉跳，并且等到换成真正的自行车时，他们就这么骑上走了。这真是令人惊叹！还有什么比这更好的方法教孩子们骑自行车吗？

在教孩子们学会把控数字技术的使用时间时，我们仍然采取类似训练轮的方法。虽然我们对此很熟练，但它既不科学也收效甚微。就像学骑自行车一样，我们教孩子规范使用电子设备的方法也需要改变。我们有一个宏伟蓝图，那就是使用电子设备在现实世界和数字世界创建一个美好未来，因此我们教导孩子使用电子设备的方法策略也需要和这个宏伟蓝图保持一致。一定还有更好的新方法等待我们去探索。

面对屏幕的时间过长

记住前文的例子，下面我们来讨论一下面屏时间这个概念。家长们最常问我的问题之一是他们的孩子每天面对电子屏幕多久合适。我理解他们为什么要问这个问题，也很欣赏这个问题背后的意义：父母已经意识到对孩子在数字世界的活动应该有所限制。我们都知道有些应用程序会令人上瘾。我们还看到有些孩子因为沉迷于电子产品，走着走着就撞到了墙上。我们都浏览过妈妈们在博客中讨论过度使用数字技术的危害的帖子。我们也都知道使用数字技术必须有一个限度。可是，网上适合孩子的活动五花八门，蕴含的乐趣无穷。允许孩子参与互联网活动，也可以极大地激励他们完成其他工作。另外，我们也可以看到，孩子参与健康的网上活动，不仅他们很安全，而且可以为父母提供他们最需要的休息时间。如果你每时每刻都在为孩子计划有意义的活动，那么可以考虑一下我接下来要说的话是否合理。以我家为例，我忙着做晚饭，或者忘了清单上的东西不得不再去一趟商店时，数字技术是可以避免我们所有家庭成员抓狂的关键工具。

一方面，数字技术对我们的孩子来说实用又有趣；另一方面，我们不希望孩子们过度沉迷数字技术，生活在现实世界的我们充满了矛盾。这时候，我们可能会觉得时钟是个不错的辅助工具，并且会假想只要设定一个合理的时间限制，那么一切都会好转。然而，正如我以下将讲述的那样，使用时钟设定活动时间界限是错误的，它就如同训练轮的角色，并不能培养数字世界的健康儿童，该方法既达不到最佳效果，也无法长久持续。

❖ 以往研究总结

上文提到给孩子们定时的想法源于对儿童看电视的研究。过度沉迷电视对儿童的体重、睡眠习惯和语言发展等方面都产生了不利影响。研究表明，快节奏的卡通电视节目可能对幼儿的认知能力产生负面影响，包括解决问题、工作记忆和抑制控制等方面。[1] 基于儿童沉迷电视的研究，美国儿科学会（American Academy of Pediatrics，简称 AAP）曾建议将儿童的电视使用时间限制在每天两小时内。该学会还提出这个建议适用于所有带屏幕的电子产品。

但实际上电视和其他电子设备并不一样。不可忽视的是，电视体验感很被动。电视节目无法与观众进行互动。一些儿童节目，如《小小探险家多拉》（*Dora the Explorer*）会在节目中向孩子们提问，甚至会暂停节目以便让孩子们回答，但孩子们很少上钩。电视观众可能会坠入梦乡或者走神，而电视则不管不顾地继续播放节目。确实，其他电子设备也可以通过使用网飞这样的应用程序进入"电视模式"，但大多数可以在电子设备上进行的活动都有某种程度的双向互动，要么是通过设备与另一个人连接，要么是用户与计算机程序进行互动。将被动电视体验的研究结论应用于高度互动的科技应用，这种做法有点药不对症。因此，2016年，美国儿科学会修订了这一指南，取消了对6岁及以上的儿童设定面屏时间限制的规定。[2] 美国教育部也赞同该修订。[3] 世界卫生组织最近发布的指南只对所谓的"面对屏幕的久坐时间"（针对参与有限互动或无互动的数字活动）做出了限制。[4]

❖ 强化二元思维

通过设定面屏时间来控制电子设备的使用，这个方法还存在另一个问题：它暗含着这样一层意思，即发生在数字世界的所有活动都是等值的。这与现实完全背道而驰。举个例子，与奶奶视频通话和玩游戏就算用时相同，价值也完全不同，尽管两者都使用同一设备。即使在游戏中，我们也会看到，不同的应用程序有不同的价值。《糖果传奇》(Candy Crush)和《我的世界》(Minecraft)都是游戏，但其中一个像老虎机一样，不需要什么创造性思维，而另一个则需要高度创造力。如果没有听说过《我的世界》，可以把它想象成数字版的乐高积木，不仅有无限的碎片可以排列组合，而且该游戏具有设计全新互动环节的能力（你甚至可以在《我的世界》中组建一台可以运行的计算机）。

问题是，当我们通过设定面屏时间来控制使用设备时，我们也传递出这样一个信号：使用科技产品只有两个选择——要么不使用，要么得规定使用时间。这样一来，孩子们很可能会得出以下结论：在允许使用的时间里，他们电子设备上的所有应用程序价值相等。这就会让他们觉得没有必要区分不同数字活动的价值。将这点放到现实生活中，我们想象一下，如我们正在教导孩子要健康饮食。我们的目标是教导孩子们：合理膳食意味着不同类型的食物，摄入的量应该不同。无论白天还是晚上，孩子只要饿了，就可以随时进食。午餐和晚餐时，我们也会提供各种食物。有时我们会拿出薯片或夹心饼当零食，但我们会告诉孩子，薯片和夹心饼这类食物的营养价值远远少于水果和蔬菜，应该少吃，而且只有在当天已经摄入其他健康食物的前提下才能吃。现在再把目光投向电子设备的使用，我们的孩子应该根据不同的价值参与不同量的网上活动,这一点很关键。

❖ 限制自我调节的能力

最后,将设定面屏时间作为主要因素控制电子设备的使用,会让孩子们失去培养自我调节能力的机会。计时器对于在游乐园乘坐碰碰车来说可行,但这并不是驰骋于数字高速公路上的好策略。我们希望孩子自己能在适当的时候继续进入下一个活动,而不是完全依赖计时器。教孩子们在定时器响起时就离开数字世界的做法很危险,因为他们无法锻炼自己参与数字活动的自控能力。假设哪一天没有了时间限制,他们该怎么办呢?

让我们再谈谈上面提到的饮食例子。我们的目标不是要孩子不停地吃,一直吃到午餐或晚餐时间。我们的目标是让孩子认识到已经吃够了,即使他们的盘子里还剩下一点食物,哪怕是健康食物。如果他们没有学会自我调节而一味进食,这个饮食习惯也不健康。孩子也许可以在午餐时间吃 12 个苹果,但结果是孩子会很难受。如果不是自己感觉到已经吃饱了,而是让计时器提示孩子午餐时间结束了,应该停止吃苹果了,这样太不健康了。新型数字公民的一项关键技能就是学会自己把控何时该过渡到另一项活动。

至此,你可能会认为我是在呼吁取消对所有数字技术使用方面的限制。这样认为太离谱了。使用数字技术确实需要适当限制，但有比设定面屏时间更好的方法。让我们来探讨一种更有效的方法，这个方法也符合美国教育部和世界卫生组织的最新指南。

更好的方法：寻找均衡点

若取消面屏时间限制，不再据此安排家中电子设备的使用，那么我们又该如何避免孩子"撞墙"呢？与其强制限制面屏时间，我们不如教导孩子均衡这一概念。均衡，是在现实世界频繁出现的词。健康人会均衡安排独处时间和与他人共处的时间。他们知道如何均衡好运动和休息。他们为工作和游戏留出时间，过得井井有条又不失乐趣。在学校，我们从孩子们进幼儿园的第一天起就开始给他们强化均衡概念。孩子要学习数学和语言艺术，但也要重视学习音乐和体育。孩子为考试而学习，但孩子也能在课间休息时尽情玩耍。现实世界中做一个健康人，意味着学会在所有事情上有节制。虽然有些活动很容易被归类为好的（如刷牙），或坏的（如与兄弟打架），但绝大多数活动的价值是由它们与其他活动之间的比例关系决定的。在现实生活中，运动本身是一件好事，但如果运动导致我们没有完成工作任务，或占据了我们与家人、朋友相处的时间，那就不再是一件好事。同样，休息也是一件好事，但睡过头，尤其是习惯性地睡过头，会降低我们的效率、损害我们的心理健康。富有想象力也是一件好事，但如果不合时宜，就可能被视作撒谎。

即使是均衡，不同的情况下也不尽相同。一个大型科学项目结项前夕，花费一整天骑自行车却不继续推进项目，均衡无从谈起。小提琴演奏会前夕，花一整天时间阅读而不是练习乐器，可能也不合适。不考虑前提情况，无论骑车还是阅读都可能是很好的生活选择。作为父母，在现实世界中我们需要密切观察不均衡的迹象，在数字世界中也得明察秋毫、保持均衡。我们必须坚定不移地教导孩子们要均衡安排数字世界里的各种活动，就像我们在现实世界里帮助他们一样坚定。我们可以遵循以下三个原则。

❖ 原则 1：体验多种多样的数字活动

在制定美国国家教育技术计划时，我的团队首先研究了数字鸿沟，找出有机会接触教育技术的孩子和没有机会接触教育技术的孩子之间的差距。[5] 我已经在上文解释过这项工作是如何为教育资源匮乏的地区和乡村学校提供网络的。但是，我们在美国教育部的研究同时揭示了另一个容易被忽略的数字鸿沟。在我们访问的学校中，我们注意到技术使用有两种方式。第一种是教室里的学生正在以非常积极的方式，如创造、设计、合作、解决问题来使用技术。第二种是教室里的学生以非常被动的方式，如在线观看教学内容来使用技术。第二种方式中，学生唯一的互动方式是点击"下一个"按钮来切换幻灯片或在单元结束时回答一个多选题。在国家教育技术计划中，我们把这种差距称为"数字技术使用鸿沟"。那些学习使用技术发明创造或解决问题的学生，在鸿沟的主动一侧。而那些主要将技术作为内容消费工具的学生则处于鸿沟的被动一侧。对于被动用户来说，教育技术就如同电视。对于主动一侧的学生来说，他们的设备更类似于一套画笔或积木。完全相同的设备可以带来非常不同的体验，这取决于学生在设备上进行的活动。

　　作为家长，让孩子们接触数字世界中的各种活动，以此来帮助他们丰富数字味觉，这一点很重要。我们不应只满足于已知的应用程序和数字活动，就像孩子要求吃什么，我们就允许他们吃什么一样，这远远不够（如果这种情况发生在我家，那我们每餐都会只吃通心粉和奶酪）。如果你发现你的孩子要求相同类型的应用程序（如第一人称射击游戏的八种变形），这时你可以批准他尝试一个新的不同类型的应用程序，如节奏游戏或照片编辑应用程序。哪怕他们不常使用这些应用程序，但仅仅是搜索不同类型应用程序的过程就能提高孩子们对潜在可能性的认识。

另一个扩大数字活动范围的方法是定期向孩子推荐新的应用程序，鼓励他们尝试这些应用程序，就像定期为他们推荐新书一样。我一直在向孩子推荐他可能喜欢的书，有时选对，有时选错，但不管结局如何，这种推荐新书的行为，本身就表明他们选择阅读什么内容对我来说很重要。如果我们从不给孩子们推荐新的应用程序，那么即使我们不喜欢孩子自己选择的应用程序，我们也没有理由表达自己的立场。当然，推荐应用程序，作为父母首先必须了解不同类型的数字活动。在此有许多方法可以帮助我们了解，有些网站提供了很多专家评论，有专门供儿童使用的应用程序。我特别喜欢那些培养孩子创造性才能的数字工具，比如制作电影或作曲，因为它们有助于强化这样的观念：科技被用来协助人类设计方案、解决问题时，它的力量最强大。在第 6 章中，我将提供一些数字活动的例子，重点帮助孩子们更多参与到他们的群体活动和家庭活动中。

请注意，参与多种数字活动的想法与某些应用程序的设计理念相悖。嵌入小程序销售或附着营销广告的应用程序通常都是为了尽可能长时间地绑定用户。利用自动滚屏、幸运红包、积分系统等工具，开发商试图让用户感到使用别的程序会很不习惯。对开发商而言，把应用程序设计得有吸引力，这本身并没有错，但如果我们不提醒孩子背后的真相是什么，那就是我们的失职。我们要教导孩子均衡安排各种数字活动，给他们分析应用程序的设计元素，并向孩子解释这些设计元素就是为了阻止我们参与其他的数字活动。例如，有这么一种游戏，玩家如果一天不玩就会失去之前所有的积分，我们就可以告诉孩子，开发商是在用一种称为连胜的技巧来阻止玩家使用设备进行其他活动。还有一种应用程序，如果玩家下载同一开发商的其他应用程序，就可以解锁第一个应用程序的特殊功能。我们可以给孩子指出，其实开发商正在使用一种技巧，让玩家购买他们的其他应用程序。这么做并不意味着我们的孩子不能选择这些应用程序，只是提醒他们在选择的时候应该充分认识到应用程序开发商采用的种种技巧，从而防止被别人牵着鼻子走，无法均衡安排自己的数字活动。

❖ 原则 2：认识到数字活动的不同价值

接触一系列数字活动是很重要的，就像家里有新鲜的水果和蔬菜，这对成为一个健康的吃货必不可少。但是，仅仅把西蓝花放在餐桌上可能还不足以激励大多数孩子吃蔬菜。我们还必须明确地告诉孩子：不同的食物对我们的身体有不同的益处。在教育孩子均衡安排数字活动时，我们可以询问他们从参与的数字活动中获得了多少益处。

对于年龄大一点的孩子，我们可以用"注意力经济学"的类比来解释这个概念。这个类比基于商业战略家托马斯·达文波特（Thomas Davenport）和约翰·贝克（John Beck）在 21 世纪初的工作成果。[6] 两位学者的想法是，在一个数字资源无限竞争的世界里，我们的注意力具有实际的货币价值。换句话说，注意力经济学从字面上理解"关注"这个词。我们正在选择如何在相互竞争的活动中分配我们宝贵的注意力。使用注意力经济学来解释均衡安排数字活动，可以从现实世界的一个具体例子开始。比如，"如果有人要求以 5 美元购买你的自行车，你会卖掉它吗？"为什么不卖？因为自行车的价值远远大于买家给你的 5 美元。在这里，我们可以引入注意力也有价值的想法。我们可以讨论一天中我们对不同的活动"支付"了多少注意力。这种方式很有趣，可以计算出我们在数字活动上花费了多少时间和创造力。最重要的是，它允许我们思考一个问题：我们用注意力支付的活动是否给我们带来了合理的回报。我玩《我们之中》（*Among Us*）这个游戏，付出了价值 10 美元的注意力，那么我是否得到了合理的回报呢？如果我花同样多的注意力去玩另一个游戏，或者用马可波罗社交软件（Marco Polo）和朋友聊天，又会怎么样呢？这类问题可以帮助孩子们意识到他们的注意力真的有价值，他们应该期望从数字活动中得到同等价值的回报。

对于年幼的孩子来说，注意力经济学的概念可能过于抽象，难以理解。但也有其他方法教他们懂得不同的数字活动有不同的价值。周日，我们全家通常上午去教堂礼拜，晚餐前的下午时光可以自由活动，但是我们做了一个有意义的决定——周日休息，不做学校作业，这样我们的孩子就可以有一天的时间来设计安排他们的活动。但我们也发现，如果不给他们一个框架，我们宝贵的周日家庭时间很快就会变成与兄弟们打一下午架，让我们做父母的特别崩溃。因此，我们和孩子们一起创建了有三个等级活动的周日清单。我们给它们分配了价值，列在一张图表上。这个图表包括现实世界和数字世界的各种活动，但此处为了方便说明，我只举数字活动的例子。一级活动包括看国家地理杂志视频、听音乐或玩游戏《我的世界》等。二级活动包括与兄弟姐妹玩国际象棋小程序，阅读电子书，或听播客。三级活动包括给朋友写信、与祖父母视频通话、在多邻国（Duolingo）中学习新单词，或在库乐队（GarageBand）中作曲。不同等级的活动在任何时候都可以进行。参与三级活动可以兑换一级活动的参与机会。因此，如果孩子想玩《我的世界》，他们可以通过与奶奶视频或作曲来赢得这个机会。这有助于加强孩子们脑海中的一个概念，即不同的数字活动具有不同的价值，这是他们在数字世界中学习均衡安排各种活动的基础。

❖ 原则3：适应每个孩子的兴趣和需求

均衡安排数字活动的第三个原则基于承认每个孩子的独特需求。我们不可能为每个需要眼镜的人配制一模一样的眼镜，同样，我们也不能将均衡使用数字技术的单一公式应用于所有儿童。在考虑数字活动的数量和类型是否适当均衡时，我们需要考虑孩子自己的兴趣，与他们一起讨论数字活动从多大程度上支持了他们的目标和兴趣，问问他们哪些类型的活动对他们来说是挑战，哪些不是。阅读一章电子书对我儿子来说，是一个很大的挑战。他每读完一章，我可能会奖励他一个玩游戏的机会，以保持良好的平衡。可是对我女儿来说，阅读电子书本身就是一种奖励。

要寻求恰如其分的均衡，那么针对不同的数字活动要问自己以下的问题。例如，基于孩子的年龄和成熟程度，考虑一个特定的应用程序或在线群体是否合适；或者，根据数字活动的类别和作用，决定参与某个特定的数字活动是否合理。学校任务的截止日期或课外活动都会决定答案不尽相同。暑假里的均衡和学年期间的均衡也会有所不同。各种突发因素都可能会改变某一天的均衡安排，比如身体疾病、恶劣天气或长时间旅行等。如果孩子生病躺在床上或被困在长途旅行的汽车里，原先的数字活动平衡可能就会被打破。最后，需要考虑父母能发挥多大监督作用。如果父母能给孩子提供指导和支持，那么在线制作电影就是一个很好的数字活动，如果不能，那么这个活动对年幼的孩子来说，可能挑战性过大。按理说，至少应该安排一些能亲子共享的数字活动，但父母参与程度的多少可能会影响整体的均衡。在父母努力为孩子们的数字活动寻求全面均衡时，父母要考虑到以上所有因素，并与孩子们充分讨论。

别做复读机式的父母

　　我和妻子发现自己经常对孩子们做重复的事情，说同样的话。我们不断取笑自己说，用录音机代替我们说话，孩子都不一定能察觉。有一次，我们真的开始记下我们最常说的话并将每一句话标号。例如，第 15 号录音是"别忘了洗手"；第 37 号录音是"离开房间时请关灯"；第 54 号录音是"大家都系好安全带了吗？"等。如果我们把所有家长的录音整理出来，我们会发现整整一大类是专门针对数字技术使用的。而这些录音又主要基于设定面屏时间的建议。习惯设定面屏时间多年后再转向均衡安排可能会很困难。因此，我们需要基于对均衡数字活动的认识对一些指令重新组织语言。以下是我经常听到的四种常见的针对面屏时间的评价，我们需要思考应该如何重新组织语言，建议孩子们构建真正的均衡。这些语言变化看似微小，却反映了我们与孩子的谈话方式。换种方式谈论技术使用，对他们成为健康的数字公民、培养均衡安排的能力有巨大影响。

❖ 说法 1："你对手机上瘾了"

"你对手机上瘾了。"这种说法可能是所有父母录音中最常见的。它可能会干扰孩子的判断力。在大多数情况下，令人上瘾的不是设备本身，而是某个特定的应用程序或网站，持续使用该程序或网站，就会打破原先的均衡安排，甚至上瘾。面对这种情况，我们应该说明真正的担忧是什么，是孩子完全沉迷在数字世界吗？如果是这样，我们与其对孩子使用设备的时间有意见，不如用一个令人信服的理由来重新构思我们的语言，比如让他们做一些别的事情。我们要明确指出数字世界活动和现实世界活动之间的不平衡，并举例说明现实世界的某个具体活动可能没有得到足够的重视。重构后的陈述可能听起来像这样："你今天好像还没有做任何运动"或"你从学校回家后一直没有与家人共处，让我们运动一下或一起聊聊天，这样我们就可以均衡地度过这一天。"

❖ 说法 2："这个游戏你已经玩很久了"

"这个游戏你已经玩很久了"的说法也把关注点放在了面屏时间。它关注的是我们的孩子在单一数字活动上花费的时间。这种说法是有问题的，因为它没有把重点放在活动本身的缺陷上。甚至孩子们会觉得，如果他们同样花两小时看在线电影，我们可能一个字都不说。重构数字活动间的均衡要求我们学会评估游戏的价值。如果我们觉得游戏的价值低于其他数字活动的价值，我们可能会把它完全剔除出正常的数字活动列表。重构的要求可能听起来像这样："这个游戏的输赢有很大的运气成分，重复操作没有技术含量，你对它这么关注，不值得。"这可能会引发你与孩子间的一场对话，讨论设备上不同类型的应用程序的价值，我们投入注意力后，它们能否带来更好的回报。因此，我们可能会问孩子这样的问题："今天你还想用电子设备参加哪些数字活动？"

❖ 说法 3："不要整天坐在计算机前"

"不要整天坐在计算机前"是另一个将关注点放在面屏时间的说法。如果再加上"还是看看书吧"，那么会发生什么呢？事实证明，和使用数字设备相比，孩子看书更不积极。

03 | 均衡安排：按指引而为

我并不是说看书对孩子来说不是一个能帮助达成均衡的活动，只是所给出的理由对孩子来说毫无意义，因为提供给他们的替代活动也同样需要坐着。此外，孩子完全有可能一开始就在用他们的数字设备阅读。因此，我们在这里使用"重构均衡"概念时，我们需要具体说明哪里不均衡。一方面，如果我们担心的是孩子没有花足够的时间阅读，我们可以同孩子讨论每天确保阅读时间的重要性，这个时间适用于无论是否使用数字设备；另一方面，如果我们关注的是孩子对身体活动的需求，那么我们可以同孩子讨论一下均衡安排的重要性。这种情况下，我们不用过多谈论使用计算机的问题，而是更多地建议孩子找一个合适的时间去骑车或跑步。

❖ 说法4："放下手机，去社交"

"放下手机，去社交。"这句话对某些孩子来说毫无意义，因为他们正通过手机与更多的数字公民社交，比他们在现实世界里来往的朋友还要多。正如前文所说，参与数字活动的主要优势之一是，它允许我们与更多类型的人互动。比起现实世界，数字世界里聚集的人更多。再次提醒，重构我们的要求时首先问问自己，究竟是什么地方感觉失衡。像"你的家人想和你共处一段时间"或"亲自与朋友见见面也挺好的"的这类说法，可能会给你们带来机会去讨论如何均衡安排与家人朋友间的现实交流以及线上交流。

是时候买个闹钟了

在与父母们讨论均衡安排数字活动时,睡眠问题让大家担心又纠结。根据美国睡眠医学会和美国国家睡眠协会,学龄儿童每晚应保证 9 小时至 12 小时的睡眠,而青少年应保证每晚 8 小时至 10 小时的睡眠。[7] 睡眠不足会导致一系列不良影响,包括调节情绪和情感的能力衰退,增加抑郁症风险和肥胖风险等。[8] 睡眠不足导致认知和运动功能变迟钝,与酒精中毒症状相似。[9] 长期睡眠不足不仅会影响人的判断力,而且也损害人的大脑意识,让人意识不到自己的决策存在越来越多的风险。[10] 睡眠和记忆之间还有一个重要的联系,我们在睡眠中巩固自己的日常所学,把它转变为长期记忆。这有点像下载我们一天的所有活动数据,然后保存在一个文件夹里,将来可以随时检索。[11] 但如果我们睡眠不足,就会出现下载失败的情况。

当我们数字技术的使用发生不均衡时,睡眠是最受影响的方面之一。根据劳伦·黑尔博士(Dr. Lauren Hale)和一个医学研究团队的数据,3/4 的美国儿童和青少年睡觉时戴着数字设备。他们中的大多数人经常在睡前一小时内仍然使用数字设备。¹² 与那些睡觉前不使用设备或睡觉时不将设备放在身边的孩子相比，前者几乎每晚的睡眠时间都比后者少一个小时，而且睡眠质量较差。¹³ 以手机为例，即使睡觉前没有使用手机，手机通宵持续不断的各类通知也会影响孩子的睡眠。超过 1/3 的青少年在半夜至少起床一次，拿起手机并不是为了看时间，而是有其他用处。¹⁴

如果使用者入睡了，那么数字平台获取经济利润的计划便失败了，所以它们尽量让使用者不入睡。美国网飞首席执行官雷德·哈斯汀斯（Reed Hastings）曾经说过，网飞流媒体最大的竞争对手不是其他媒体公司，而是睡眠。因为用户一旦睡着，就不再查看视频内容和数字产品广告了。担心听众没能理解他的意思，哈斯汀斯补充说，"在这场竞争中，网飞目前还是获胜者！"¹⁵

我与父母们交谈时，问及为什么他们的孩子要戴着数字设备睡觉，父母回答说是因为孩子把数字设备当闹钟在用。幸运的是，我告诉他们，有个工具可以完全解决这个问题，成本与一杯星巴克咖啡差不多，这个东西叫闹钟。它的作用和手机上的闹钟一样，但它做不了其他影响睡眠的事情。还没闹钟的，请去给你的孩子买一个闹钟，别再让他们带着手机睡觉。具有讽刺意味的是，在线社交媒体——脸书（Facebook）①的首席执

---

① 译者注：2021 年 10 月 28 日，Facebook 创始人兼 CEO 马克·扎克伯格宣布将公司更名为 Meta。

行官马克·扎克伯格比大多数人都更了解远离电子屏幕的睡眠有多重要。他的妻子普里西拉（Priscilla）是一名儿科医生，曾患有睡眠障碍。扎克伯格为了解决妻子的睡眠问题，定制了一款无屏闹钟。这个闹钟用一束柔和的光作为时间提醒，不需要电子屏幕就能轻松完成时间提醒任务。[16]

我们作为父母，需要制定家庭规范，要求孩子们睡觉时不能把数字设备放在身边。在家里，你可以规定一个所有人都同意的关机时间，可以指定家里的某个地方，用于存放所有设备，晚上全部关机休息。在我们家，为了强化这一规则，我和妻子深谋远虑，垄断了所有设备的充电管理。我们只有一个充电处，在我们卧室但远离床的一张桌子上。每晚，在我们入睡前，所有数字设备都关机送来充电处，我们才会为孩子提供免费的充电服务。如果设备在晚上10点前还没有送到充电处，那么我们很乐意提供第二天的日间充电服务，但日间充电服务需要整整一天，期间不可以用设备。有趣的是这个方法还真管用！

休息并非一种惩罚

教导孩子均衡安排数字活动的最简单策略之一，就是帮助孩子们习惯于在使用设备的空隙偶尔休息。我见过许多家长没收孩子的设备作为惩罚。这反而强化了设备被没收是一件坏事的想法。懂得均衡的数字公民都明白,有时选择不参与数字活动恰恰是健康的。"休息"这个概念在实践中很有用。时不时地,我们可能会说,"你什么也没做错,但今天下午我们让电话休息一下"。孩子知道,如果父母这么说,意味着他们没有任何麻烦,父母只是在帮助他们恢复均衡的生活。当然,设备休息了,孩子可能就感觉无聊了。曼诺诗·左莫若迪(Manoush Zomorodi)研究了无聊、创造力和游戏之间令人惊异的联系。她在《放空》(Bored and Brilliant)一书中写道:从神经学角度看,从未有过无聊经历的儿童会被限制创造力。因此,如果暂时离开电子设备会让孩子觉得有点无聊,那么请注意,这实际上有可能会提高孩子的创造力。

我们还可以在日常生活中安排无屏幕时间。许多家庭现在正在进行"无设备晚餐"的活动。这个活动效仿了常识媒体发起的一个节目。节目内容为与威尔·法瑞尔(Will Ferrell)一起进餐,其间不许使用任何电子设备。这个有趣的节目你不妨花点时间看看。"无设备晚餐"意味着我们将所有设备放在远离餐桌的地方,并在坐下来吃晚饭之前,关掉电视。全家参与,其实成人可能比孩子更难适应这样的安排。大约两周后,大家就习惯了,而且会觉得以其他方式进餐很别扭。类似的活动包括每周设立一天"无设备日",如每周二都不用数字设备，或定期开启"戒社交媒体周"，即全家人在一周内注销所有的社交媒体。这些活动都强调了这样一个概念：定期离开我们的数字世界，休息一下，以更好地平衡我们的生活。

评估应用程序

作为一个懂得均衡安排的数字公民，以及孩子的父母，意味着要学习如何取舍设备上的应用程序。在分享以下取舍方法之前，我想严肃地指出有一个想法很荒谬，那就是看其他孩子在做什么就让自己的孩子做什么。很可惜，父母们普遍都有这个念头。听说有很多孩子已经安装了某程序，就允许自己的孩子也安装。这种逻辑不仅会干扰父母做出正确决策，还会影响孩子们的判断能力。

我的一个孩子最近想说服我批准她在手机上安装抖音。在她的脑海中，她是她们学校唯一一个没有安装抖音的人，如果事实如此，那真是我的疏忽。但通过与其他家长的交谈，我了解到的是许多孩子也没有机会接触到抖音。当孩子的认知可能与事实相悖时，做父母的都会注意到得面对问题了。然而，更重要的是，有多少孩子使用某个应用程序，都不能作为一个有利的依据让我们批准自己的孩子使用某个应用程序。

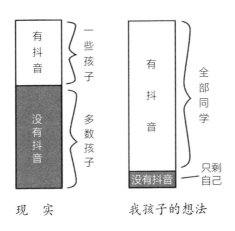

有多少孩子的手机上有抖音?

现　实　　　我孩子的想法

选择应用程序的一个更好的方法,可能是让孩子们学会向我们推荐他们想要安装的程序。既不用苦苦哀求,也不用吵闹打滚。推荐一个应用程序,必须说明推荐理由,依据的是父母与孩子之前商定好的标准。这些标准并不是什么复杂的指南,只是一些基本的问题,可以供我们思考判断。约瑟夫·索斯(Joseph South)是国际教育技术协会的首席学习官。他说,作为一名父亲,他教自己孩子从以下几个问题入手,来评估应用程序。

- 该应用程序如何将我与其他人联系起来？他们是谁？是我认识的人吗？这个应用程序允许什么类型的互动？
- 该应用程序如何赚钱？通过广告、内嵌的购买小程序，还是预付款？诸如此类。
- 该应用程序如何让我参与其中？通过高品质内容，还是诱导形成习惯的手段？该应用程序是如何处理隐私问题的？程序安装使用时需要个人提供什么私人信息？有哪些与隐私有关的服务条款？这个应用程序对我来说有意义吗？从年龄、性格、评估风险的能力和意愿，以及自我调节能力等方面考虑。
- 权威第三方评价机构对该应用程序的评价如何？

如果孩子们知道父母要问这些问题，他们就会带着准备好的答案来找父母，作为他们推荐该应用程序演说词的一部分。这种方法让父母不再扮演"坏警察"，亲子之间可以一起讨论该应用程序是否符合你们的要求。如果不符合，那么拒绝孩子的请求，父母也不会显得刻薄。恰恰相反，如果你们一致认为该程序根本没有达到标准，那么这种讨论互动实际上创造了一种更健康的亲子关系，它帮助父母和孩子们成为同一个团队的成员。否定和拒绝不是针对个人，而是有些应用程序确实不符合要求。

更为重要的是，推荐应用程序可以建立健康、影响长远的数字公民行为。向家长推荐一个应用程序，正是我们希望孩子们通过自己学习而获得的技能，即使他们不向父母做推荐，他们也在为自己做抉择回答这些相同的问题。在推荐词中，孩子也许会说明某个应用程序可能需要仔细辨别，因为它包含一些可能干扰他们均衡的数字活动的元素。在这种情况下，使用该应用程序一周后再检查一下，再一起重新评估，可能更有意义。有些应用程序只适合用来打发时间，如长时间坐车要找点乐趣。如果你孩子的数字设备已经装满了应用程序，请抽出时间来审查并评估这些应用程序应该保留还是应该删除。

雷尼·霍布斯是一位受人尊敬的媒体素养教育研究者。他建议父母也需要花时间在数字世界与他们的孩子共处。这样做不是为了控制孩子的行为，而是为了指导他们安全、高效地在数字世界遨游。父母可以帮助儿童评估他们在该世界的状态，并确定数字世界的某个空间是否真是孩子想去的地方。这也有助于父母更好地了解孩子最喜欢什么样的在线活动，并向孩子建议其他类型的数字活动。

设备使用协议

与孩子一起设定对电子设备使用的协议,对于创建家庭、学校的健康数字文化非常关键。制定设备使用协议简单易行,可以让设备使用符合你想创建的数字文化。一份设备使用协议是一份文件,解释孩子应该何时使用以及如何使用数字设备。它还可以解释如果孩子一直按照协议使用设备,那么他们可以享受哪些奖励;反之,如果他们的行为不符合协议,那么他们可能承受哪些后果。

制定设备使用协议时,请记住三件事。

1. **用正面积极的词汇**。因为你很有可能又制定出一份"禁止做某事"的清单。在此,建议你可以重读第二章的相关内容。
2. **用词简洁明了,不要咬文嚼字**。这不是房地产合同,也不是立法法案,你得写一些让孩子能看得懂的话。
3. **保证孩子的参与权**。在制定协议时,允许孩子发表意见、建议,允许他们提出问题。

本章末尾,我提供了我家的设备使用协议样本。协议所包含的条款都是有关我和妻子想要创建的数字文化。例如，家庭进餐时间是我们家庭文化重要的一部分，所以协议包括一个无设备用餐的规定。这份协议应充分考虑每个孩子的需求，他们不同的年龄、心智成熟状况、感兴趣的领域等。草拟这份协议时，我们的女儿首先得到一部有数据管控的手机，例如在发送照片前需要得到许可；当然，对于一个已使用手机数年且一直很负责任的人来说，这个管控没有必要。

设备使用协议应该定期更新。我建议在孩子每年的生日或新学期开始时更新。一来，设备不断变化；二来，孩子们已经逐渐成长为经验丰富的数字公民。

无论是在家里还是在学校，设备使用协议都是学习工具，不是法律陷阱。如果孩子违背了协议，你们双方要一起想办法解决这个问题。如果这时问题还不算严重，正是你们学习的最好时机。父母要鼓励孩子遇到问题一定要与你们交谈，共同解决。这一习惯的养成至关重要，这样今后遇到更多的甚至更严重的线上问题，他们就会放心地来找父母交谈。

要认真对待违反协议的行为，但处理的后果不应抑制孩子未来想与人交谈的意愿。我们的女儿第一次在未经我们允许的前提下，把照片发给别人时，我们只是提醒她遵照协定，并感谢她告诉我们。第二次，我们与她一起讨论为什么这是协议中一项重要的条款，并共同决定接下来的几天暂停使用手机。我们没有惩罚，只是提醒她遵守协议的数字行为非常重要。随着她年龄的增长，这项条款已经不再是个问题了，所以这一条款被改为"对你分享的照片负责"。我们允许她分享照片，不必每次都征求同意。制定协议的初衷是要帮助孩子形成一以贯之的数字行为，而不是动不动就为一个错误大动干戈。还要记住，如果孩子一直遵守协议，一直符合父母的期待，那么父母一定要向孩子表达赞赏。

在我们家，如果孩子告诉我们，他们违背了某项条款，他们知道及时坦白错误面对的后果他们可以承受；但如果他们不及时来找我们，结果被我们发现后，后果将变得很严重。所以他们很快就明白，如果自己的行为违反了某个条款，要赶紧向我们坦白，这样双方都皆大欢喜。作为父母，我们知道如果我们督促不到位，孩子们可能会在某些数字活动上消耗比预期更多的时间和注意力。但我们也需要注意，我们善意的帮助不能完全依赖设定面屏时间，并将其作为唯一的决定因素。通过教授"均衡数字活动"这样的概念，我们帮助孩子了解到所有的在线活动并不是等值的。最重要的是，我们为他们提供了一个评价、调整自己数字活动的框架，在这个框架里，他们享受更多自主权，服务于他们今后的人生。

家庭设备使用协议样本

使用你的数字设备是一种特权。任何特权都伴随着责任。以下是我们对你使用设备时的期望。

什么时候可以使用你的设备？

- 使用手机前，你需要完成你的任务，不包括给你父母发短信。
- 吃饭的时候，你的数字设备需要远离餐桌。
- 在任何房间使用你的数字设备，都需要打开房门。
- 每天晚上 10 点前，所有数字设备都要送去充电。

你应该用设备做什么？

- 帮助我们捕捉家庭记忆，如为家庭出游拍照、记录家庭故事等。
- 用手机帮助你学习，例如协助你做家庭作业、做学校项目、学习如何做新事物等。
- 娱乐，如阅读、玩有趣的游戏、听健康音乐等。

你应该与谁互动？

- 与你的朋友和家人保持联系，如与堂/表兄弟姐妹、祖父母等交谈。
- 当你想给一个不是我们大家庭成员的新联系人发信息时，请告诉爸爸妈妈。

- 在向任何人发送图片、视频之前,请询问妈妈或爸爸。

　　你在自己的设备上做的事情并不是秘密。妈妈和爸爸有权查看你手机上的任何东西。如果你改了密码,你需要告诉我们。如果你决定休息一下,你可以把手机拿给我们保管。我们也可以决定你需要时不时地让手机休息一下。这不是一种惩罚,只是一种休息。

　　我们都会犯错。当你用自己的设备做了一些不符合本协议的事情时,请告诉我们,我们会帮助你想办法改正。慢慢地,等你证明你确实有能力遵守本协议的条款时,我们将提供额外的设备特权。如果你不能坚持遵守本协议的部分条款,现有的特权可能会在一段时间内被取消。

儿童签名＿＿＿＿＿＿

家长签名＿＿＿＿＿＿

日　　期＿＿＿＿＿＿

学校数字设备使用协议

　　设备使用协议不仅是家长的有用工具,学校也可以使用这个工具。《儿童互联网保护法》要求美国任何得到国家资金用以支付网费的学校,都必须有一个《网络安全行为准则》,

其实几乎所有学校都得到了,所以这个要求面向美国全部学校。[17]该准则由学校规定,明确列出学生哪些网络行为是可以接受的,符合准则才可以使用校园网络。不幸的是,绝大多数学校都忽略了制定这个准则。很多学校的准则写得像精装版处方药广告一样。其实,学校制定准则的目的不应该是提供法律保护,而应该是教育孩子成为合格的数字公民,这点与制定家庭设备协议目的一致。此外,与家庭设备协议一样,学校也应根据学生不同的理解水平调整协议的内容。一年级的学生不应与高中生共享一份设备使用协议。在这方面,华盛顿州的兰顿学区和佛蒙特州的尚普兰山谷学区提供了很好的范例,可资借鉴。[18]如果你有学龄孩子,可以咨询校长你是否可以看看学校的《网络安全行为准则》。如果这个准则流于法律文件形式,便丧失了它本来的目的,那么你不妨建议学校查看"学校网络联盟"网站上关于重新构思《网络安全行为准则》的政策指南。[19]

下一步行动

行动条目

- 家庭成员关闭所有不必要的设备/应用程序通知和自动播放功能,并打开必要的静音程序,保证所有

- 设备在家庭时间里保持静音。
- 买个闹钟，防止睡觉时把数字设备放在身边。
- 与孩子一起讨论睡前和晚餐时的设备休息时间，指定设备充电站，让设备在此过夜。
- 在孩子的帮助下，制定一份设备使用协议。
- 审查应用程序，要求孩子向你介绍他们目前的应用程序。如果一个应用程序带来麻烦或似乎没有使用的价值，那么和孩子一起想出一个最后期限，什么时候删除该应用程序，将其换成更健康的替代产品。
- 如果注意到孩子在自我调节设备使用方面表现非常好，请表扬、肯定他们。

对话开场白

- 有没有出现这样的情况，即某个特定的应用程序妨碍你做其他更重要的事情？
- 应用程序开发人员做了什么事情让你很难停止使用他们的应用程序？
- 你怎么知道什么时候该暂停使用设备？
- 一天中，什么时候应该放下设备？
- 如何决定哪些应用程序应该得到你更多的关注？

04

见多识广
畅游信息海洋

孩提时代，妈妈给我买了《大英百科全书》(*Encyclopedia Britannica*)。维基百科说它大约重 59 千克。记得我当时非常吃惊，书中的海量条目使我突然获得了这么多信息。每天晚上，我们都有"提问时间"。要是我想了解更多信息，我就试着在百科全书中找答案。这种获取信息的新途径令我感到力量十足，但它也有一些局限，因为我还是个孩子，并不完全了解书上的内容。书上的答案在被印刷出来的那一刻就已经定型了，书中所选的主题也仅是芝加哥的编辑委员会认为足够重要的事情，并不完全符合我的个人兴趣或目标。

如今的孩子，情况则完全不同。通过互联网，他们就可以搜索到世界上任何信息，应有尽有。没有编辑委员会的筛选，也没有过时的印刷版本需要更新。对于同一个问题，我的《大英百科全书》提供大约十万个解释，而维基百科却提供了超过 600 万篇英文文献。即使是最晦涩难懂的概念，也会出现引文和更深入的学习链接。得益于数以百万计的在线 DIY 视频，从代数学习、鬼步舞教程到自制自行车，我们的孩子几乎可以在线学习任何他们感兴趣的东西。根据世界经济论坛的数据，互联网上包含的信息大约有 44 兆泽字节。我的《大英百科全书》只包含大约 1 千兆字节的信息。通过换算，一泽字节相当于一万亿份《大英百科全书》。如果你能在一秒钟内读完一本百科全书，那么你需要 31 700 年才能读完一泽字节的数据。将这个数字乘以44，就是今天互联网上存储的信息量。信息门户已经敞开，等待我们去探索。

学会热爱学习

爱因斯坦有句名言："信息不是知识。"获取信息并不代表着我们已经掌握了信息。在这个信息爆炸的时代，帮助我们的孩子学会热爱学习才是至关重要的。学习是一扇扇大门，这些门后是新发现、新成长，跨过这些大门，孩子最终会拥有有意义的生活。但更重要的是，学习能带来无与伦比的成就感。孩子们通过学习感到自己更有能力，并相信他们能以有意义的方式为世界做出贡献，这与提升自尊密切相关。多年的社会科学研究表明，如果想要增强孩子的自尊心，仅仅告诉他很特别并不能取得很好的效果，得让他们通过实践证明自己的价值，才能使他们真正相信自己能取得了不起的成就。哪怕是一个简单的成就，比如正确解答了一个以前不会的数学题，或者学会一门新语言的短句，也比奖励他们一颗金色的小星星更能提高孩子的自信。当他们做成的事情得到家庭或社区的重视时，这种效果就会更明显。一个孩子学会给朋友坏掉的自行车拧螺钉，帮助他所在的团队赢得了辩论赛，或者帮助同学把英语翻译成西班牙语时，他们会享有一种成就感。这些积极的强化措施是继续学习的强大动力。成为一个有效的学习者也是合格数字公民的三个特征的基础，关于是哪三个特征，在后面的章节会探讨。

培养对学习的热爱，就要从培养好奇心开始。我们人类天生就有强烈的好奇心。我们天生就想知道更多的事情，即使是一些非常琐碎的事，比如窗外的奇怪声音是谁发出的。但以上的好奇心并不是我们想要培养的，我们希望孩子有积极主动的好奇心，主动追问，而非被动等待。这种好奇心不是来自外部动机，如取得好成绩、考进大学、物质利诱或失去特权的威胁。尽管上面提到的这些激励措施在让孩子完成作业、进入荣誉榜方面可能很有用，但在培养真正的学习者方面，外部动机远不如内心对世界深刻的、真正的兴趣有效。从我们自己的学生生涯来看，我们可能为了在某一科拿"A"就在该科花费更多时间去学，但却不会对该学科产生兴趣。另外，好奇心是深入学习的关键。好奇心能驱使人类提出关键问题、参与复杂推理。幸运的是，人类天生就具有好奇心。作为父母，我们的工作与其说是创造孩子对学习的热爱，不如说是激发孩子天生就存在的学习兴趣。《饥饿的心灵：童年好奇心的起源》(*The Hungry Mind: The Origins of Curiosity in Childhood*)的作者，威廉姆斯学院的心理学教授苏珊·恩格尔（Susan Engel），为我们培养孩子的好奇心提出了一些建议。在此，我着重强调两点。

首先，父母应该更在乎孩子的探索欲，而不是只关注孩子们所习得的技能。好奇心是为了获取新知识，而不是已经习得的知识。探索知识是一个漫长而复杂的过程，孩子对父母的学习态度非常敏感。如果父母喜欢学习，孩子会更倾向于把学习看作一种乐趣。如果父母在学习过程中感到沮丧或不耐烦，孩子可能也会如此。苏珊·恩格尔指出，如果想培养出一个好奇心强的孩子，当他初露对学习吉他的兴趣时，父母就要对此表达认同与赞赏，而不是等他们弹出第一首曲子时才感到高兴。对于科学成果，我们不仅要认可获奖的，还需要肯定那些未获奖但是对社会有意义的。否则，孩子们就会轻视学习的过程，他们会认为学习只不过是奔赴终点路上的一个恼人障碍。

其次，父母需要创造一种鼓励提问的家庭文化。在这种文化中，家庭成员会受到鼓舞，提出问题会成为常事。他们会经常说："我想知道为什么……"或"我们怎么才能……"。他们明白"不知道某事"很正常，也不会因为没有"正确答案"而感到困扰。在这种家庭中，父母也会给孩子机会，让他们自己解决棘手的问题。我们很忙、缺乏耐心或疲倦的时候，不直接告诉孩子们答案，可能需要很大的克制力。孩子们对自己"有限的理解力"感到越自在，他们在学校学习和与朋友相处时就能越自如地提出问题。奇妙的是，他们通常会比那些执着于找到正确答案的孩子更快地找到答案。正如一位高级军事参谋曾经告诉我的那样,"不害怕犯错,反而能做得更好"。

将数字世界改造为学习工具

培养孩子们的好奇心,改变了他们接触数字世界的价值观念。只要稍加引导,拥有好奇心的学习者就会认识到数字设备装载着一个超级强大的学习图书馆,而不仅仅是消遣娱乐的机器。借助数字设备的学习几乎随时都可以发生。当孩子在家里发现了一只虫子时,只要问孩子一两个问题,比如"你认为这是什么类型的虫子?"或"你认为世界上有多少种不同类型的虫子?"就可以把它变成难得的学习机会,给孩子使用数字设备来解答问题提供了契机。顺便说一句,我很擅长抓住机会,而且与孩子一起学到了各种有趣的知识。例如,臭虫是北美的入侵物种;它们实际上喜欢自己的臭味,并通过振动相互交流。知道这些知识之后,每当我们遇到一只臭虫,原本平凡的经历就被赋予了更多的意义。

线上学习与孩子现实生活的关联性越强,学习效果就越好。有一次我儿子问道:"晚上天上的光是星星发出的,还是飞机发出的？"这就是一个完美的学习机会。我可以使用一些应用程序来帮助他找到答案。将手机对准天空，屏幕上就会显示相关信息，那道光其实来自远在2.6亿千米之外的金星。我们可以在维基百科上查找地球的周长（大约40 076千米），然后还可以计算出2.6亿千米相当于绕地球大约6 500圈。我们可以使用搜索程序搜索光速（大约每秒30万千米），并计算出我们肉眼可见的光从金星到映入眼帘，大约耗时15分钟。

你读到这里可能会想："如果我整整一天就为了给孩子找出所有问题的答案，那我不用干别的事情了！"其实，就像我们不需要为了改善孩子的胃口而每顿饭都做一道新菜一样，为进入数字世界学习做示范也不是每时每刻都要做的事情。只是偶尔示范使用数字学习工具来回答问题，就足以帮助孩子，让他们意识到可以把数字设备作为学习工具，而不仅仅是娱乐或通信工具，就达成了我们的目标。

成为信息策展人

将数字设备视为一种学习工具，是成为见多识广的数字公民需要采用的最强大和必要的手段之一。艾力·马西（Elliott Masie），一位著名的教育领导者和创新者，提出了"电子学习"一词。他说，要想在数字世界中取得成功，就必须学会成为信息策展人。策展是一个与博物馆相关的术语。博物馆的策展团队负责收集和储存文物，他们知道如何从万千藏品中挑选出合适的文物来讲述一个故事。

  如果不是几年前我有幸进入史密森尼国家自然历史博物馆的地下室，我会一直认为博物馆展出的即全部藏品。我去观看了一部分古生物学藏品，这些藏品仅占近 1.5 亿件总藏品的一小部分。这个巨大的房间里摆满了一排又一排的金属档案柜，中间的过道只容一人通过。柜子的抽屉比传统的文件柜还要浅。在这些抽屉里，存着几乎所有你可以想象到的动物骨头藏品。数十万根骨头被整齐地贴上标签，然后有序地收藏起来，其中有些甚至可以追溯到数百万年前。

  由于维护和保存每件藏品都需要花费不小的成本，馆长必须学会取舍。他需要选择那些最有价值的物品收藏。馆长还必须开发一个系统来储存藏品中的文物。这不仅意味着要确保藏品被保存在一个安全和干燥的空间，而且还要有一个系统来标记和分类每件物品。不管怎么说，如果你有 1.5 亿件藏品，但却找不到你想找的那件，那这些藏品于你而言便毫无价值。史密森尼国家自然历史博物馆使用了一种标签程序，为每件物品分配多达 16 种描述，包括归馆日期、动物类型以及该物品在博物馆档案中的位置。策展人从藏品中挑选文物进行展示时,他们需要知道哪些藏品可以相互关联,还有挑选的藏品必须符合某个主题。策展人需要通过藏品的正确摆放来讲述一个个故事。

做出选择

见多识广的数字公民需要学习如何成为信息的策展人,就像博物馆策展人需要对他们的藏品做出选择一样。信息策展的第一步,是学习如何筛选信息,这个技能不容小觑。网络上有个包含十八个步骤的复杂教程,来教孩子们如何成为有效的网上信息收集者,不过这有点过于夸张了。其实,要做孩子的榜样,帮助他们成为有效的数字策展人,我们可以做以下三件事。

1. 提出好问题

从策展的角度来看,一个好的问题能最有效地剔除尽可能多的不相关信息,并指向最有意义的结果。数字世界中的大部分搜索和选择都是从搜索引擎开始的。当我和儿子一起搜索信息以便更了解褐马尾臭虫时,我问:"世界上有多少种虫子?"这可能是一个好问题,但如果我只搜索"有多少虫子",百度可能会认为我在谈论世界上虫子的总数。虽然这也是一个有趣的问题,但它的答案并不是我们想知道的。你可以向孩子展示,当词语被放在引号中时,大多数搜索引擎会精确搜索某个词汇。这在搜索名字或标题时特别有帮助。但是搜索工具并不都是一模一样的,所以掌握各种各样的搜索工具也很重要。

2. 选择最佳来源

以臭虫为例,百度在 0.44 秒内返回 7 200 万个结果后,我们需要筛选有用的结果。这些结果来自各种问答网站。我们讨论哪一个对我们来说最有意义,我们还可以讨论其他一些有用的线索,比如该网站是否有 .gov 和 .com 的域名。然而,这一步最有意思的发现是,最好的信息并不总是第一条结果,甚至不在搜索结果的第一页。如果使用语音助手进行搜索,请注意所提供信息的来源,并询问自己该来源是否感觉可靠。

3. 评估信息是否有用

一旦我们选择了数字信息,我们就必须决定它对我们来说有多大价值。这意味着要根据我们已经了解的情况来评估答案。我们应该养成这样的习惯:"和我们的已知信息相比,这个答案是否有意义?"评估信息是否有用还意味着帮助孩子们更自如地识别信息提供者的潜在动机。他们的目的是卖东西、说服人还是介绍他们的研究？试图推销的数字媒体对想购物的我们有优势，但对于寻找无偏见事实的我们来说，就没什么用了。当然，除了搜索，还有许多其他寻找信息的方法。注册每日新闻摘要或者就你关心的话题创建一个自定义的话题条，网上一旦发布新的相关信息，就会给你发送通知。订阅播客或视频频道也可以达到这种效果。艾力·马西指出，我们可以巧借他人之力，帮助我们策划数字信息。根据马西的说法，了不起的策展人往往对某一主题真正充满热情，因为他们会深入研究该主题，并以敏锐的眼光对信息进行分类和筛选。我们可以通过关注他们，或者如果我们认识他们本人，可以直接请他们推荐相关主题，进而挖掘我们想得到的信息。成功的数字公民有个特别的能力，就是知道如何使用蜂巢思维①——当他们需要答案时，他们并不只是依靠搜索引擎，他们还会发挥现实专家的作用。欲了解一些常用的数字工具，请参见下文"标记和存储信息"的内容。

---

① 译者注："蜂巢思维"出自凯文·凯利（Kevin Kelly）著名的《失控》(1994)，全名为《失控：机器、社会与经济的新生物学》(*Out of Control: The New Biology of Machines, Social Systems, and the Economic World*)，简单地说，"蜂巢思维"就是"群体思维"（Collective consciousness）。凯文·凯利用蜂巢思维比喻人类的协作带来的群体的智慧。

❖ 警惕"不同的事实"

评估我们在数字世界中发现的信息是否有用,是我们在本书中讨论的数字公民技能中最复杂的一项。见多识广的数字公民必须知道一点,即信息不等价。这一点解释起来很困难,因为这项技能成年人也未必擅长。最典型的反面例子就是假新闻。自古以来,虚假信息就一直阴魂不散。例如,1755年,有报道称里斯本地震是上帝对罪人的报复;1835年,《纽约太阳报》(New York Sun)报道,月球上有一个外星文明。[1] 在大规模采用数字工具之前,虚假信息的传播和影响通常缓慢且有限。可是现在,2/3 的美国人主要通过脸书来获取新闻信息,虚假信息的传播速度惊人。[2] 由于广告是社交媒体平台的基本商业模式,所以其商业动机只是为了让我们滚动、点击这些信息,并不保证提供的信息都是真实的。这个问题并不是脸书独有的。麻省理工学院的研究人员发现,推特上虚假信息转发率比真实信息高出 70%。[3] 2016 年美国大选期间,假新闻的浏览量远远超过了真实新闻。[4]

标记和存储信息

能够在正确的时间找到正确的信息是数字世界最重要的竞争力之一。

在互联网早期,浏览器书签基本上是标记和存储数字内容的唯一方法。现在有各种各样的方式来标记和存储数字媒体,以供将来使用。以下列举了一些:

- 播放器。像 YouTube 这样的数字工具允许按主题创建与编辑内容,也可以订阅其他人的播放内容。
- 相册。与播放器类似,在线相册等工具允许以人工智能方式对照片和视频进行分类和编辑,并内置人工智能以帮助识别人物,不需要手动标记。
- 数字记事本。像 Simplenote 这样的工具或其他各种个人记事工具,都可以用来捕捉和搜索笔记和信息,并储存和搜索你所收集的笔记和信息。
- 标签内容。大多数社交媒体网站允许你对内容进行标记或标注,以方便检索。
- 其他的人。这点读起来很奇怪吧,但我们可以利用网络中的好友来帮助策划数字媒体。通过在网站上与其他人建立联系,我们可以利用这些人的特长来帮助我们解决问题。

当朋友和家人与我们分享信息时，我们可能会因为他们身份的干扰而降低筛选标准，但无论信息来源于哪里，我们都应该保持警惕。几年前，为了减少病毒性错误信息的传播，脸书尝试改变其算法，使新闻提要更注重来自家人和朋友的信息，而不是付费信息。人们希望这一改变有助于阻止假新闻的传播，但结果恰恰相反。优先考虑家人和朋友的帖子实际上增加了错误信息的扩散风险，因为人们往往不再批评那些不靠谱的帖子。因此，脸书恢复了原来的算法。[5] 作为父母，我们需要树立榜样，教导孩子辨别是非，哪怕信息来自亲朋好友。

康涅狄格大学的研究人员唐纳德·列伊（Donald Leu）进行了一项具有里程碑意义的研究，生动说明了儿童没有能力识别数字空间中的错误信息。[6] 他做了一个简单而绝妙的实验，内容是与中学教师合作，指派学生研究一个荒谬的东西：濒临灭绝的西北太平洋树章鱼。当然，这是唐纳德·列伊凭空想象出来的，世界上根本不存在濒临灭绝的西北太平洋树章鱼，也不存在任何生活在树上的头足类动物。唐纳德·列伊的研究很简单，就是根据学生在网上辨别真假的能力，计算出有多少学生认识到这份作业完全是一个骗局。

学生们通过互联网搜索信息，他们发现了一个专门保护西北太平洋树章鱼的网站。这个网站自然是唐纳德·列伊的团队创建的。该网站对章鱼的栖息地和喂养需求进行了完整的描述，甚至还有一张章鱼爬上雪白松树的照片。结果如何呢？只有一个学生对这个题目提出质疑。其余的人都完成了作业，从他们找到的那个信息丰富的网站上引用了大量事实和细节。这些中学生都是不同学校选拔出来的尖子生。他们对松树林和海洋生物的一切了解都趋向荒谬时，他们是怎么完成这份作业的呢？在整个互联网上，除了列伊的团队制造的那个网站，没有其他任何相关内容的网站。这个研究虽然有创意，但样本量相对较小，而且只研究了美国的学生。那么，一个样本量更大、更全面的研究可能会显示出不同的结果吗？

经济合作与发展组织（Organization for Economic Cooperation and Development）的国际学生评估项目（Programme for International Student Assessment，简称PISA）每三年在79个国家进行一次，目的是衡量15岁儿童利用阅读、数学和科学知识应对现实生活挑战的能力。国际学生评估计划本质上是世界教育的成绩单。

每当你听到有人将一个国家的教育系统与另一个国家的教育系统进行比较时，如"芬兰的学校比美国好"或"中国是世界上数学教得好的国家"，这些说法的数据都来自国际学生评估项目。2018年，国际学生评估项目首次开始测量学生从行动中识别真理的能力。学生们有机会来选择可靠信息论证某种主张的真实性。例如，他们可能面临这样的要求：要选择最有说理力的信息来支撑巧克力对健康有益这个主张。全世界绝大部分学生无法成功完成这些"要求他们确定信息来源有效"的任务。[7]

识别假新闻

并非所有的操控性网络信息都是媒体公然捏造的。数字公民需要培养一种"蜘蛛侠感官",以识别那些断章取义的操控性信息,即使从严格意义上来说,它们还算不上虚假信息。斯坦福大学对 8 000 名中学生、高中生和大学生的研究表明,大多数人始终无法区分新闻和广告,无法识别推特信息的来源,无法识别一个网站是否纯粹为了营销目的而创建。[8] 在看被做了手脚以表明观点的图表的时候特别容易出错。记者丹·科普夫(Dan Kopf)对我们没有培养孩子解释数据的能力感到沮丧。科普夫认为,维护家庭民主与孩子阅读图表的能力,二者之间有直接联系。[9] "这不是一件小事,"科普夫说,"一个人如果缺乏解读图表的能力,就更容易被误导。"作为家长,我们应该留意那些网络上到处存在的、误导性的图表或图片,不能将其作为孩子的学习素材。

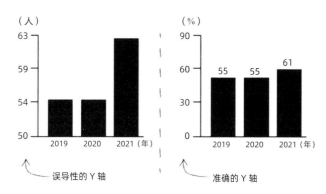

上面的两张图显示了关于福利人数的相同数据。但左边的那张图在 Y 轴上有一个经过操纵调整的基线，使它看起来像是领取福利的人数在失控地飙升。同样的数据被绘制在右边，但 Y 轴从 0 开始，因此只显示了轻微的变化。

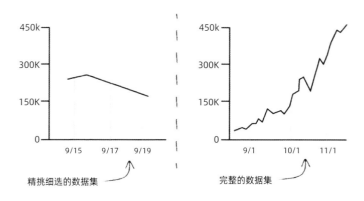

这两张图中，左图是一个偷换数据范围的例子。它通过只显示一小部分数据，看起来好像新冠肺炎疫情病例在减少，但实际上这只是整体严重趋势中的极少数下降，看看右图显示出的全部数据就能一目了然。

❖ 更新我们的工具

识别可靠网络信息的能力对生活如此重要，为什么我们在这方面却做得如此糟糕？难道我们上网的时间越长，就变得越笨吗？或许也是有关联的。怎么评价一个数字公民是否成功，数字信息整理速度也是参考标准之一。我们每天都接收大量的数字信息，而且必须迅速做出有效的决定。我们对数字信息的整理越快，我们就是越成功的数字公民。正因如此，我们需要依靠各种捷径来帮助我们快速判断数字信息的价值。但问题是，我们使用的许多捷径都是套用现实世界的，在数字世界中并不能取得很好的效果。小时候，我们总被教导，印在书本、杂志或报纸上的信息是可靠的。记得我学过这样一句话："印品即真"。印刷媒体从来没有错误或偏见，由于印刷是一个昂贵而烦琐的过程，印刷品中出现虚假信息的可能性极低。如果有人投入时间和金钱把东西印刷出来，他们一定也对事实进行了核查。此外，他们还必须经别人同意后才能发行他们的书或杂志，这就为印刷材料的质量提供了另一层保障。因此，如果你必须做出快速判断，印刷品上的信息为真也算是一个合理的捷径。

21 世纪初，随着更多的信息来源从现实世界迁移到数字世界，"印刷品"这一捷径不再有用。因此，我们逐渐找到了另一条捷径。它是否可信呢？在互联网的早期，网页设计昂贵且耗时，建立专业的网站和图形需要复杂的代码，还需要具备运用 Flash 等程序进行设计的能力。另外，只需根据其设计和它的 URL 地址就可区分专业网站和个人网站。虽然不能保证万无一失，但在某种程度上，网页设计的信息是判断其内容是否有效的可靠捷径。但现在，有了网页自主创建平台，只需几秒，任何人都可以创建一个看起来比最著名的大学网站更可信的网站。此外，只需几美元即可买到看似可靠的 URL 地址。因此，依赖可信的网站这一捷径也失去了可靠性。那么，当我们的孩子需要快速评估数字媒体的价值时，我们可以教他们哪些捷径呢？我们可以引导他们从以下的问题去评估。

- 谁是发布者或创造者？你能找到他们创作的其他内容吗？
- 谁在为提供这些内容而付费？是广告收入、赞助机构还是用户付费订阅？
- 创建者的目的是什么？是分享观点、介绍研究、销售广告还是其他呢？
- 这些内容是被你信任的组织认可的吗？
- URL 地址是否符合要求？我们从右到左阅读网址，如 media.cnn.com 的信息来自 CNN，但 cnn.media.com 的信息来自一个叫 media.com 的网站。
- 你能用另一个来源验证这些说法吗？例如你需要考虑是否有引文支持该材料的说法？如果它听起来很牵强，在一些事实核查网站上搜索一下是否有发现？
- 这些信息存在多久了？
- 内容是否使用了夸张的、危言耸听的或情绪化的语言？
- 照片或图表是否被篡改？你可以使用图片搜索查看图片在哪里被使用过；核查图表展示的完整度。

当我们逐渐熟悉这些流程后，这些问题几分钟内就能得到答案，而且还能迅速找出一个数字媒体的来源，以此验证是否适合我们的预期目的。

维基百科可信吗？

策展信息可以单独进行，也可以作为一项团体活动进行。当处理大量个人难以理解的信息时，团体策展就会特别有帮助。团体策展最成功的例子之一便是维基百科。虽然几乎每个人都听说过维基百科，但很多人都对它有所误解。有些家长或老师建议孩子不要使用维基百科，因为它不是一个可靠的信息来源，对此我感到很震惊。这就像说："不要去听交响乐，因为其中一个小提琴手可能会拉错一个音符。"但这也暴露了人们对维基百科缺乏更深层次的理解，不了解它在策展信息中所发挥的关键作用。让我们详细解释一番。

首先，维基百科从来没有声称自己是一个可靠的来源，在它的主页"关于维基"中指出，"维基百科不认为自己是一个权威来源"。多年来有一系列研究，检测维基百科文章的准确性，研究发现有些信息高度准确，有些则包含明显的错误。[10] 然而即使有错误，维基百科仍然可能比教科书中的大部分内容更准确。问题在于，即使维基百科这个来源不十分可靠，但依然不可否认它有价值，那么这个价值又体现在哪里呢？

事实证明，维基百科并不是在试图解决可靠性问题，它是在试图解决策展问题。在数字世界中，如果你没有关于某个主题的一些基本信息，却试图在信息洪流中找到可靠的答案几乎是不可能的。这就是我所说的"你不清楚你的认知盲区"问题。孩子们在数字世界的学习旅程中会遇到一系列问题,其中最具挑战性的类似第 22 条军规的问题是,如果不知道关于一个主题的关键术语、人物或概念,就很容易被误导。以我为例,如果我对黑洞一无所知,我甚至都无法开始学习黑洞,因为我缺乏最基本的信息。这就是维基百科解决的问题。快速访问维基百科上关于黑洞的页面,它就会向我介绍"广义相对论"和"事件视界"等概念,或者卡尔·施瓦茨柴尔德(Karl Schwarzschild)、约翰·米歇尔(John Michell)等人。关于黑洞的文章就有两百多条。它使我有能力开始一个更明智的学习之旅。维基百科甚至通过在每一页的底部提供可靠的资料来源清单,方便我们规划下一步的行动。维基百科是很好的学习跳板,它甚至还提供了一个简易英语版本,以方便年幼读者阅读信息。因此,我们不应该让孩子避免使用维基百科,而是应该鼓励他们将其作为更深入学习之旅的最佳起点。

学习的新形式

这一章主要论述如何塑造见多识广的数字公民。首先我们应该认识到,数字世界对学习的贡献不仅仅是提供大量数字信息，它还实现了新的学习模式。这在现实世界中是无法实现的。这些新模式帮助我们克服传统学习的一些古板限制。新冠肺炎病毒席卷全球，迫使近 10 亿儿童待在家里，无数学子暂别线下课堂，涌向在线学习。这次仓促转向暴露了数字世界的很多不足，当然它也暴露了一些现实世界传统学习长期的弊端。这些弊端可以在数字世界中得到解决。以下为三个例子。

❖ 打破物理位置限制，获取专业知识

现实世界的教育要求教师和学生在近距离内生活和学习。这给一些地区的学生带来了挑战，因为在这些地区，可能根本没有对某个学科有丰富经验的老师。我在美国参议院工作时，曾访问过华盛顿州奥马克镇的教育领导人，这个镇的总人口不到 5 万人。奥马克学校的校长说，5 年来，他一直试图找一个数学教师，但一直没找到。奥马克附近根本没有足够的、合格的数学教师，更不用说计算机科学、物理学或管弦乐教师了。世界上还有成千上万的学校都面临如此困境。然而，数字世界里的学习与学习者的物理位置没什么联系。无论学生住在哪里，他们都能获得专业知识。

线上学习不仅仅意味着可以接触到其他课堂的教师，还可以接触到各种专家。我最近观察了洛杉矶联合学区的一个

班级，小学的孩子们可以通过视频会议采访当选领导人，了解他们对环境问题的立场。在弗吉尼亚海滩三橡树小学，斯泰西·摩尔（Stacey Moore）在教授三年级学生非洲动物时，不只是给他们展示图片，而是决定带他们进行一次虚拟狩猎。摩尔安排了一名野生动物园的导游，通过相机在教室里带孩子们体验了一次非常真实的野生动物园。学生们在动物的自然栖息地观察动物，沿途也可以向野生动物专家提问。

❖ 解决可及性问题

对于需要特殊教育的孩子来说，在现实世界里学习可能是一种挑战。科技带来各种便利，使所有的学习者都能在线学习。有视力障碍的孩子可以使用技术来调整字体大小，或让他人为其阅读或翻译文字。学习另外一种语言的人可以利用翻译工具来更好地理解学习材料。大量的科技可以帮助学生克服身体上的缺陷，打破学习的限制。

我遇见凯尔·温特劳博（Kyle Weintraub）时，他是佛罗里达州大卫珀斯纳克学校（David Posnack School）学校七年级的学生。他被诊断出患有淋巴瘤。为了活命，他只能离开家乡到费城去接受治疗。温特劳博的学校买了一个可以在费城病房远程控制的机器人。通过这个机器人，温特劳博不用离开他的病房就能上课、提问，还能与同学们交流。

作为家长，我们应该学会利用广泛的科技力量，来帮助那些在学习中遇到身体、情绪或认知挑战的孩子。此外，我们还要倡导适当使用这些科技。家长通过家校合作或者访问一些网站，会对数字工具有额外的见解，也能帮助有独特需求的学生克服学习障碍。

❖ 个性化学习

现实世界中的学习，最大限制在于要使学习经验适用于个体学习者，而满足这种需求，不仅难度高而且代价大。每个孩子都有不同的兴趣、天赋、背景和目标。传统学习抑制着孩子的个性化学习，如果仍然按年龄将孩子们分成20至30个批次，那就会把学校办成工厂。哈佛大学的教育研究员托德·罗斯（Todd Rose）呼吁人们要改变对学习进度的传统看法。[11] 他重点研究学习的个性化，换句话说，每个人都有自己最擅长的领域，也有自己不擅长的领域，人们可以成为某个领域的专家，但在另一个领域则完全是新手，而且人们在获得技能方面并没有形成一致的顺序。这种个性化的专业知识和缺乏经验的状况对每个学习者来说都是独特的。

现实世界的学习无法适应我们个性化的学习需求，数字工具在适应我们独特的兴趣和技能水平方面却可以做得更好。但是，这可能意味着允许孩子们根据他们的理解能力，而不是根据僵化的课堂教学大纲来取得进步。各种数字工具可以帮助识别他们认为困难的概念，并为学生、教师和家长提供符合他们需要的个性化建议。有效的个性化学习并不意味着所有教学都由数字工具呈现。但真正的个性化学习是利用技术对学生的进步提供实时反馈，并帮助家长和教师定制学习进度和活动，以符合每个孩子的需求和兴趣。

未来学家阿尔文·托夫勒（Alvin Tofffler）曾经说过："21世纪的文盲将不是那些不能读写的人，而是那些不学习、放弃学习和不会再学习的人。"见多识广的数字公民才会认识到成为终身学习者的重要性。他们知道如何识别真实和虚假的信息，知道如何在信息洪流中找到有意义的内容，体验数字工具带来的新的学习模式。最重要的是，他们把进入数字世界看作进入有史以来最强大的学习图书馆。作为家长，我们的工作是培养孩子天生的好奇心，使他们能够找到可信赖的数字信息来源，从而走上终身学习的道路。

下一步行动

行动条目

- 当孩子对某一主题，例如运动、自然、歌曲、历史事件等表现出兴趣时，找到一个应用程序、视频或网站，帮助他们更深入地探索这个主题。
- 寻找机会表扬孩子，肯定他们为学习一项尚未完成的任务所付出的努力。
- 寻找误导性或公然虚假的数字媒体的例子，并与孩子讨论一些可以识别真伪的捷径，然后一起分析这个例子。
- 尝试使用工具来创建自定义的媒体集，并与孩子分享。
- 尝试使用搜索引擎的高级搜索功能，看看是否可以得到不同的搜索结果。
- 与孩子一起创建一个话题，了解他们关心的事情。

对话开场白
- 你怎么知道在网上看到的东西是可信的？
- 你觉得，为什么人们愿意相信家庭成员在网上分享的东西，哪怕它们是假的？
- 如果不知道我们在网上看到的东西是什么，会有什么危险？
- 如果你分享了一些东西，然后发现它不是真的，你应该怎么做？
- 你认识的人分享或发布一些看起来不正确的信息，

这时你会如何回应？
- 你想在网上学习新知识，这时你最喜欢去哪些网址？
- 你最近在网上学到了什么新东西？

05

平和包容
尊重、平衡各种观点

在数字世界中成长的一大好处是,我们的孩子有更多的机会接触各种各样的想法和观点,不限主题。相比我们小时候,他们可以更快速地学习事物,更深刻地理解问题。不过,他们的想法和信念往往容易受到挑战,这一点与小时候家里不通网络的我们大不相同。如果我们不教育孩子们学会重视并尊重观点的多样性和对立性,他们可能会错失最好的学习机会,更有甚者,可能会对持有反对观点的人抱有敌意。本章我们将探讨一些教育孩子尊重其他观点的策略,为自己和他人创造一个更加包容的数字世界。

了解大脑工作机制

帮助我们的孩子在数字世界中学会包容的其中一步,是让他们了解一个认知过程。就是这一过程导致人们贬低、不尊重他人的观点。以我自身经历为例,多年来,我们家一直有个规定,就是早餐不能吃含糖麦片。五彩脆麦圈(Froot Loops)和糖霜麦片(Frosted Flakes)都不允许出现在餐桌上,葡萄麦麸(Raisin Bran)和原味麦片(Cheerios)一类的健康麦片是绝佳替代品。每次我在杂货店因为孩子要买含糖麦片大发雷霆、固执己见的时候,我都觉得自己是家长中的榜样。有一天,妻子买了一盒巧克力，我得知后大发脾气。后来，因为巧克力就放在我买的无糖燕麦片旁边，我偶然间看到了盒子上的成分表。令我目瞪口呆的是，两盒食品的含糖量居然一模一样。

心理学研究人员称人们遇到挑战自己现有认知的信息的瞬间感受为"认知失调"。这样的感受对于促进我们的学习和成长而言不可或缺，但同时也给人心里添堵。其实，从进化的角度讲，我们的大脑会避免这种情况，因为重新评估我们现有的信念需要耗费大量的脑力。相信自己是对的，而不是错的，可以省很多麻烦。因此，我们的大脑会优先考虑让我们感觉自己是正确的，而不是弄清楚我们是否真的正确。[1]正如下面的图片所示，我们大脑更青睐的，是与自己信念相一致的直觉，而不是与之不一致的事实，这样就不必费力重新评估我们现有认知的真实性。专业人士将这一现象称为确定性偏见。[2]在经历认知失调时，我们大脑的第一反应是设法否认产生分歧的信息。

我们如何对新数据作出反应

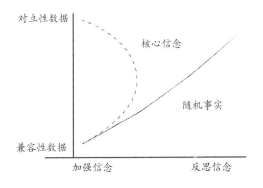

从认知的角度讲，我看到标注在麦片盒侧面的营养成分表后，最省心的做法就是不以为然。我可以告诉自己，要么实际的营养成分不达标，要么测量麦片糖分的步骤不科学。这样一来，我对麦片固有的思维方式就可以保持不变，大脑也不需要耗费太多能量。我仍然可以继续反对吃含糖的麦片，而不是告诉妻子我错了。反之，如果选择接受新信息，我就要承认以前对麦片的看法是不正确的，更具体地说，我需要承认糖霜麦片含糖量其实并不比葡萄麦麸多。好在大多数情况下，还有第三条途径可以解决认知失调，即我们必须教育孩子们成为数字世界中包容万物的成员，当然我们做父母的得先成为那样的人。这一途径至关重要，旨在对实际情况有更细致的了解，让我们能同时接受来自多个方面的真理，这样才能对周围的世界有更深入的认识。

就谷类食品而言，我本可以明白，糖只是营养价值的一个指标。葡萄麦麸的纤维素和全谷物含量比糖霜麦片高得多。这就意味着虽然两者都含糖，葡萄麦麸仍然是一个更健康的选择。或者我本可以意识到，少吃含糖的谷物仍然是一个可靠的健康原则，但谷物的名称并不能很好地证明它们的含糖量。无论是哪种情况，我对这方面的认识都会加深，因为我能从多种信息来源中挖掘出价值。对于麦片，这一点大概不难做到，但如果新信息挑战了自己的核心信念，比如我们的民族英雄是谁，我们的性别或文化身份是什么，我们对国家有多忠诚，我们就很难发现对立观点的价值。我们急于捍卫核心信念，因而需要付出巨大努力才能避免自己无脑诋毁、贬低信息来源。这种防御机制避开了认知失调，夺走了学习机会，而且一不小心就会让我们更加苛刻地对待信念不同的人。

父母若能认识到这一切，并与孩子讨论这种反应，就能让孩子在数字空间中更加受人尊重。我们可以找机会与孩子讨论，在网上遇到与他们不合的观点时，他们是什么样的感受。我们可以让孩子知道，透过另一种观点发现价值并不意味着必须舍弃自己的观点。我们可以通过上网找某一主题的不同观点加以练习，然后探讨每个观点可以让我们学到什么。我们还可以开展其他的活动，比如找数字媒体的例子。这些数字媒体本身的作用之一就是让数字公民经受更多的认知失调，比如推送一个对立的观点，甚至把它渲染得更加夸张。这样一来，我们会发现一种分裂性的策略，让对立的观点看起来比实际情况更难以接受，因而更抵触对立观点。

对于年龄较大的孩子来说，如果教他们在认知方面做出额外努力，从而重视不同的观点，这里有个有趣的办法。这个办法就是让他们参加哈佛大学的内隐偏见测试，如果感兴趣的话，可以在网上查询。[3] 这个测试非常简单。首先填写关于自己的基本人口统计信息，然后回答几个你对其主题存在偏见的问题。假如你是一名异性恋男性，选择了性取向测试。

你会在屏幕上看到一系列的文字和图标,并要将它们进行好坏分类。在第一轮测试中,与同性恋有关的词语或图标会被归为坏的一类,而与异性恋有关的词语或图标则会被分为好的。下一轮中,你会看到同样的内容,但这次的任务是将所有与同性恋有关的内容归为好的,所有与异性恋有关的内容则归为坏的。该测试的评分标准是,当固有偏见联系到好坏辨别时,一名异性恋男性做出分类需要多长时间。测试的结果几乎让所有参与者都为之震惊。即使我已经做了好几遍测试,但是如果某个内容与我的个人认知相悖,我的得分还是会很低。这并不意味着我有同性恋恐惧症;而是揭示了一点:要处理与我们默认立场不同的想法,我们的大脑必须耗费更多精力。

在处理与自己不同的观点时,人的本能反应是抗拒。让孩子们意识到这一点,可以帮助他们成为更具包容性和宽容性的数字公民。这一认识可以帮助他们树立榜样,更加宽容与重视在数字世界中分享的各种观点。

看清信仰背后的人

培养兼具包容性和宽容性的数字公民的第二个关键策略

是，让数字公民意识到，网上各种观点是人的思想浓缩。虽然数字世界让我们接触到更多的观点，但它也让我们把观点与观点背后的人分离开来。进行包容性教育，意味着要解决数字世界给我们的交流本质带来的双重影响。

第一重影响是，我们感受不到网上刻薄行为引发的后果，毕竟与现实世界不同，这些网络行为的后果我们基本看不到。还是以我自身经历为例。拿到驾照后不久，十几岁的我正从学校开车回家。路上到了一个四向停车的标志面前，我停下车开始等待。轮到我的时候，另一边来的一辆车突然超到我前面，但它却不是要转弯，致使我被迫紧急转弯，才得以避免事故的发生。出于青少年时期的狭隘，我做了一个特殊的手势，向他表示我的愤怒。然而，接下来发生的事情让我终生难忘。我看了一眼那个司机，发现他并不是我想象中的某个鲁莽小孩，而是一个年龄够当我祖父的老年男子。因为知道自己犯了错误，他面露尴尬。在我们擦肩而过时，他举起双手，嘴里说着"我很抱歉"。他的尴尬与我的刻薄形成强烈对比，我一时竟难以接受这样的反差。我把车停在路边，号啕大哭了起来。自那以后，我就下定决心再也不用手势回应那些车技不太好的人了。但是想象一下，如果我没有见过那辆车、那个人，或者没有见到他的反应，我永远也不会意识到我对他犯错作出的反应非常不合情理。我的内心独白本可以让我相信，那是某个青少年不负责任、故意为之，然而事实证明全都错了。数字世界和现实世界却不一样。数字世界的刺耳言论可能在现实世界中一样伤人,而我们却难以像在现实中一样感受到这种伤害。看不到自己在网络里所作所为的后果时,我们的同情心就会大打折扣。如果无视这些言行带来的后果,我们就可能不知不觉伤害他人。我经常想,如果每次在社交媒体上发表关于别人的帖子时,平台都会先让我们预览相似的帖子,帖子里是别人对我们的评价,那么数字世界的包容性会发生多大的改变。在没有这种功能的情况下,作为父母,我们必须教我们的孩子学会这种技能,我们可以问他们,如果他们的帖子或评论是别人写给他们的,他们会是什么感受。这种技能从长远看实际上也是为了他们自己。

❖ **与对立者交谈**

作家兼社会活动家迪伦·马龙(Dylan Marron)是一个广受关注的 YouTube 博主。他的视频聚焦于解决各种棘手的社会问题,也就是那种直击我们核心信念的问题。他还专注于教育人们提高自身在网络空间的包容性。他的"开箱"系列视频模仿了一类流行视频。在这类视频中,人们拆开自己购买的物品包装盒,向人们展示盒子里的东西。但是,他拆开的并不是任何商品包装,而是隐喻性地"拆开"了棘手的社会问题，如白人特权或伊斯兰恐惧症。意料之中，他的视频引起了巨大的反响，其中不乏对其观点的严厉批评。

他告诉我，对那些诋毁他的评论，他曾予以反击和取笑。但有一天，他决定查看自己视频评论区人们的主页，想要更好地了解这些尖锐言论背后的人，思量他们的批评是否有价值。这就是故事的有趣之处。马龙与部分批评者取得联系，问他们是否愿意与他电话交谈，其中有几个人表示同意。这里额外说明一点，马龙联系的那些人都严厉批评过他，但似乎并没有对他造成任何实质伤害。

与这些人的对话中，马龙收获颇丰。其一，如果想要创造积极的变化，你必须学会与那些与你意见不合的人进行和平交流，而不是彼此针锋相对；其二，要进行一次有意义的对话，得先设法与电话那头的人产生共情，才可能收到对方的回应。马龙说，对于那些公开贬低你或你的观点的人，传达你的同理心显得慷慨又脆弱。与观点相反的人共情并不是为那些不耻言论辩护，也不是假想对方观点会发生改变。马龙说："同情一个与你有严重分歧的人，并不意味着妥协你自己的坚定信念，转而赞同他们的坚定信念，而是意味着我承认他们的人性。只不过因为背景不同，他们与我想法截然不同。"

作为父母，要教导我们的孩子如何在数字世界中保持宽容、保持善良，但不必与网上持相左意见的人直接联系。不过，我们确实要在家庭内部培养同理心，并确立得体的处理方式，以应对与自己观点相矛盾的帖子或数字媒体信息。其中一个方法是练习换位思考。我们不一定要同意对立观点，但要学会理解对立观点。换言之，我们可以坚定自己的观点，但也要正确对待对立观点，做到不理解的情况下也能尊重对立的存在。另外，我们也可以做一些模拟辩论，把家庭成员分成两队，各持一个对立观点，不允许口吐脏话、否定对方。这样可以促使他们在急于下定论之前，先思考一下对方的立场。

让我们的数字品味多样化

为了进行包容性教育，我们必须认识到数字世界第三场所的诞生是为了强化我们现有的观点。回想一下我们前面对认知失调的讨论，那些冲击已有观念的想法会给我们带来压力。大多数数字共享空间是由广告资助的，这表示平台供应商通过让我们的目光尽可能长时间地停留在他们的网站，以及浏览广告而获得收入。为了做到这一点，他们只要保证我们心情舒适，我们就不会停下滚动、点击鼠标的手。因此，我们在数字世界使用的各类平台，系统性地限制了人们的认知失调。

05 | 平和包容：尊重、平衡各种观点

第 1 章中提到泽内普·图费克奇由计算机程序员转行成为社会学家。研究社交媒体算法设计的她告诉我们，内置于数字社区的算法可以很容易地推断出有关我们自己和家庭成员的事情，包括种族、宗教、个性特征、智力、幸福感，以及成瘾物质的使用和父母婚姻破裂的情况等，而这一切都纯粹基于我们所点击和"喜欢"的内容。这些算法还可能从我们的照片中检测出年龄、性别，甚至性取向。有了这些信息，平台就可以尽可能少地推送与我们不匹配的信息，这样我们就会继续安心长时间地待在一个平台。这样的现象被称为泡沫效应，一个准确性极高的规律。由于社交媒体信息强化了我们的信念，我们实际上越来越以为世界上的其他人都和我们的想法一样。虽然这种感觉减少了认知失调，但如果不加以约束，它会让我们一直觉得自己是"正确的"。

图费克奇还发现，算法不只是给我们带来更多与自己相符的观点，而是这些观点可能是更极端的版本。例如，下一个视频的信息可能会比上一个视频的信息更极端。根据她的观察，看了唐纳德·特朗普集会的几个视频后，随后出现的视频不仅是更多的特朗普集会，而且出现了以白人至上主义为中心的更极端的信息。而图菲克希很快就指出，这并不是任何一种意识形态所独有的，这种设计会把任何话题的任何观点引向极端。图费克奇说："我用与政治无关的话题进行了实验，结果是同样的基本模式。素食主义的相关视频带来了

有关纯素食主义的视频。有关慢跑的视频带来了关于超级马拉松的视频。你好像永远都不能'硬核'到应对推荐算法的程度。"[4]

在理想世界里,我们可以通过个性化设置来控制共享空间带来的回应。我们可以选择支持自己现有观点的信息,或者屏蔽对立信息,或者在两者之间取得平衡。但我们并没有身处理想世界,这就意味着我们没有选择的机会。既然我们不可能有这种选择的机会,那么教我们的孩子意识到泡沫效应,就能增强他们的防御能力。我们可以予以鼓励、以身作则,从不同渠道寻找新闻,寻找某个具体主题的各方观点,以对抗"自己永远正确"的危险观念。

关注网上的其他人

12岁时,萨娜·吉瓦尼(Sanah Jivani)的生活发生了翻天覆地的变化。一天早上醒来时,她发现枕头上全都是自己的头发。一夜之间,自己的头发竟然全掉光了。后来,吉瓦尼才知道,她患上一种叫作脱发症的疾病。我曾在加州的一个数字公民素养活动中与吉瓦尼聊过。她说,这样的经历对一个初中女生造成的灾难简直难以言表。她回忆说:"我当时立刻买了一顶假发,掩盖我的不安和伤痛。"学校的同学们对她很冷漠,大家对她戴假发的事有各种猜测。"她可能觉得她戴假发很美""她可能只是在博眼球",种种评论令她羞愧难当。[5]

然而,即使面对同龄人的恶语相向,吉瓦尼还是决定迈出大胆的一步。一天,她摘掉假发,在网上分享了一段视频,向全世界宣告,她并不以此为耻。现在再次回忆起以前的种种意外,吉瓦尼觉得那是她生命中最美好的时光之一。视频分享后,来自世界各地的孩子目睹了她的勇敢,她开始向大家展现自己所面对的挑战。"我们创造了一个线上共同体,充满希望,相互支持与鼓励。"吉瓦尼回忆说:"他们分享的故事改变了我的生活,所以我知道我必须继续分享下去。我为自己感到自豪,而且在这个了不起的共同体里备受鼓舞。"吉瓦尼说,每个年轻人都应该加入一个线上共同体,里面全是支持自己的人,这会让大家感到安全和包容,会鼓励每个人做真正的自己。

我们为抵抗网暴而进行的善意尝试,一般都体现在对潜在受害者的保护。每个家长都担心孩子在网上受到欺凌。因此,我们教孩子如何保护自己,但往往忽略了一步,就是为他人创造一个安全的环境。坦白地说,这种做法有点自私。要想在网上具有包容性,就必须采取行动,确保其他人在数字世界中也能得到安全和尊重。为了制止那些不宽容的网络行为，我们不应该让潜在受害者来承担所有责任。聪明的数字公民知道怎么从冷眼旁观的路人化身为以身作则的勇士。匹兹堡的一群孩子发起了一场运动，具体目的就是号召大家成为以身作则的勇士。艾文沃斯小学中心（Avonworth Primary Center）的学生朱莉娅（Julia）和阿米莉亚（Amelia）向老师提出她们想发起一项宣扬友善的运动。她们决定定制衬衫，上面印有简单字样——"成为友善的孩子"。朱莉娅和阿米莉亚与一个学生团队进行合作，分发了5万多件衬衫，以此传播简单而有力的信息。她们希望人们不仅能在现实世界中保持友善，更要在数字世界中保持友善。数字世界的友善意味着，有人被数字世界排斥在外时，友善之人会迅速予以邀请和包容。

❖ 从现实世界中吸取教训

思考如何培养孩子在数字世界的包容性，也许我们可以从现实世界的包容性教育中得到启发。吉瓦尼的经历证明，在现实世界中的宽容性和包容性方面，我们确实还有很长的路要走。仍有数不清的例子表明，无论成年与否，都存在排斥和不宽容的现象。然而，就算有许多缺陷需要弥补，现实世界中的宽容教育至少已被纳入孩子的成长过程。如果你有不止一个孩子，宽容教育很可能会占你育儿生活的很大一部分。学会不排斥兄弟姐妹是我们教给孩子人生中的第一堂课。幼儿园教师是这方面的高手。一般来说，教室是孩子们在家庭之外与他人共享现实空间的第一个地方。幼师善于把每一个"他偷了我的蓝色蜡笔，所以我打了他"的状况转变成一个学习机会。"打同学不是我们解决问题的方式。我们下次可以问问'可以轮到我用了吗……'这样会不会更好呢？"他们读苏斯博士（Dr. Seuss）的《史尼奇及其他故事》（*The Sneetches*）一类的故事，并表示在我们排斥别人时，我们每个人都会受到损失。没错，类似于"我真正应该学到的东西都是在幼儿园学到的"的标语或者海报不是无缘无故出现的。

随着年龄的增长，孩子们开始参与其他类型的活动。英语课上，同学之间共读《杀死一只知更鸟》（*To Kill a Mockingbird*）《太阳也是一颗星》（*The Sun Is Also a Star*）等文章。许多学校设有模拟法庭或者辩论俱乐部，专门教年轻人如何在不进行人身攻击的情况下反对另一个人的立场。在辩论俱乐部里，你很可能还需要为你的对立观点进行辩论。在本书前文，我们谈到了告示，就是通过在公共场所张贴信息提醒人们做出良好社会行为的标识。我们一直在现实生活中设立有关包容性的标识。学校里有一些标志，提醒师生"融入他人"或"做善良之人"。也许这些活动可以给我们提供一些想法，让我们在数字世界中也能找到实践包容性的、系统的方法。

❖ **在数字世界践行包容精神**

要让孩子们同样关注数字世界里的不宽容行为，我们应该首先确保孩子正在努力变成一名善良的网友。比如大家一起探讨，看见别人在数字世界受到刻薄对待时，孩子们可能如何应对。如果我们的孩子自己没有做出刻薄的事，但在目睹了别人的刻薄之后不采取任何行动，他们无异于同谋。我们可能认为，在网络环境里，众多数字公民总会有一人为受到不公平待遇的人发声。不幸的是，事实恰恰相反，数字世界尤其容易出现旁观者效应。这一效应指的是许多人都发现同一个问题，但没有人会采取行动，因为人们都以为别人会采取行动。根据自证预言（self-fulfilling prophecy），如果对于某个问题没人采取行动，我们就会确定不采取行动很明智。在社交网站上目睹过残忍行为的青少年，其中 95% 的人表示自己也目睹过他人对这种行为的无视。[6] 我们可以给孩子设置挑战，让他们寻找机会为那些在网上受到不友好对待的人挺身而出，并赞赏他们的勇敢。

作为父母，我们也可以向孩子分享我们自己为某人辩护的故事。我们也可以分享自己曾经如何以尊重的态度，对网上分享的观点提出不同意见。如果看到政治领导人或其他名人使用数字媒体工具时不尊重他人，无论我们是否站在他们

05 | 平和包容：尊重、平衡各种观点

的立场，都应该指出这种行为不对。萨娜·吉瓦尼认为，作为家庭成员，积极讨论如何创造能包容、接纳他人的线上共同体，是一件十分重要的事。

仇恨会传染，但善良也会

我们听说过很多数字世界空间里发生的事例。在这些事例中，人们的分歧和怒火逐步升级，就好像敌意是会传染的那样。但好的一方面是，善意也是会传染的。我常常感到惊讶的是，在数字世界，扭转消极局面也不需要花费太多精力，正是因为网上缺少语气和肢体语言这样更敏感的沟通方式。一旦有旁观者代表受到不尊重的人进行干预，大多数不宽容的行为就会停止。[7]克里斯汀·莱恩（Kristen Layne）想买一件新的舞会礼服，于是决定在网上出售自己的旧舞会礼服来筹钱。她在线上筹钱平台发布了一张自己身穿这条裙子的照片，供人们竞拍。不幸的是，出现了一些刺耳的言论。有人指责她的体重，取笑她的外表。凭借极大的克制力，莱恩勇敢地回应说："别评论了行吗？没讨好你的双眼我真抱歉。"可是，嘲弄并没有停止，反而变本加厉。如果故事讲到这里戛然而止，你可能会猜到结局：估计是又一个被网暴到自杀的案例。

但事实并非如此。出现仇恨性评论不久,有人决定挺身而出。一个人发帖表示自己认为莱恩看起来"惊艳""内外皆美"。这位路人的行为就是在积极创造一个更加包容的数字世界。随后,其他网友也纷纷跟帖,评论区充满了令人鼓舞的话语。莱恩说,这些鼓励人心的评论让她越来越自信,她意识到自己并不是被孤立的那个人。在这场对抗数字世界不友好行为的群体努力中,数百人开始在莱恩的页面留下善意的评论。最终,莱恩收到了超过 5 000 美元的捐款,并在买了新裙子之后,用剩余的钱帮助其他没有经济能力的学生购买衣物。[8]

通过从旁观者转变为积极的倡导者,我们的孩子可以成为数字世界中更具包容性的大使。虽然现实世界很大程度上仍然根据居住地把我们分隔开来,但数字世界为不同群体间的交叉融合创造了可能,城市和农村、穷人和富人、东部和西部、患病的人和健康的人、素食者和肉食者、千禧一代和婴儿潮、洋基队球迷和红袜队球迷等,都可以出现在一个线上共同体里面。这些不同的联系让我们的大脑越来越容易看到与自己观念相悖的想法。如果我们立刻拒绝新的想法,排斥提出这些想法的人,我们就是在强化自己的认知偏误。然而,如果我们能够接受他们的存在,并试着去理解不同的观点,我们就是在进行一项至关重要的学习。我们教孩子去包容他人,不仅仅因为这是一个好事,更因为我们的教育可以让他们知道自己所学的十分有限,让他们知道填补自己不足之处的最好方法之一是向他人学习,认识到人外有人并不羞耻。因此,在美国,我们在互联网的每一个犄角旮旯都尽力让意识形态不同的人受到尊重和包容。

下一步行动

行动条目

- 进一步了解我们的大脑如何对新信息作出反应。在此建议阅读大卫·迪绍夫(David DiSalvo)所著的《是什么让你的大脑快乐,为什么你应该做相反的事情》(*What Makes Your Brain Happy and Why You Should Do the Opposite*),并与孩子分享你的学习心得。
- 在社交平台上关注一个团体,其所倡导的信仰虽然文明但与你的信仰恰恰相反,或者在受信任的新闻机构注册一个电子通信账号,该机构支持的观点要跟你不同。
- 如果你有大一点的孩子,可以一起做哈佛内隐偏见测试并一起讨论其结果。
- 邀请一位持反对意见的朋友解释他们的观点之后,倾听你的观点,并提出明确的问题,但要避免辩论。

与你的孩子分享经验，鼓励他们多找类似的机会倾听不同观点。
- 在网上寻找偏见或假设的例子，然后展示给你的孩子看。
- 在相互尊重的前提下，让你的家庭成员对一个问题的不同方面进行辩论练习。

对话开场白

- 为什么听取别人的对立观点至关重要？
- 如果从来没有人跟你的观点相悖，会发生什么？
- 从有意见分歧的人那里，你感觉能学到什么呢？
- 你是否曾经在网上发表过令你后悔的言论？
- 你是否曾见过你尊敬的某个人在网上做了一些让你失望的事，或说了一些让你失望的话？
- 为什么你认为与现实世界相比，在数字世界中对一个人不友善更容易呢？
- 你是否曾在网上感到被排斥或被否定？
- 你怎样才能确保其他人在你创建的网络共同体里有安全感？
- 如果你加入了一个网络共同体，其中有个别组员遭到取笑或被别人指指点点，你会怎么做？

06

积极参与

借科技之力建设美丽家园

在《望远镜》(*The Spyglass*)一书中，儿童文学作家理查德·保罗·埃文斯（Richard Paul Evans）描述了一个荒芜遍野、毫无生机的王国。[1] 农地颗粒无收，房屋破烂不堪，人们穷困潦倒、萎靡不振。有一天，一个旅行者来到这座破败的宫殿，与国王会面。旅行者说，他有一个有魔力的望远镜，用它能看到未来。在魔力望远镜的帮助下，国王看到了衰败王国的美好未来。在这种新希望的鼓舞下，国王激励他的臣民与他一起努力，共同建设美丽的家园。因为他知道他的王国有这样的潜力。在书的结尾，读者看到王国得到了修复并繁荣起来，望远镜里的愿景已然变成了现实。

对于参与型数字公民来说，技术就好比望远镜。技术是一种工具，我们可以用它来帮助我们生活的家园——无论是数字世界还是现实世界——实现更大的潜力。第3章中，我们了解了主动和被动使用技术之间的区别。被动的技术使用者将技术视为信息消费和自娱自乐的工具，而主动的科技使用者则将技术视为一种帮助改善他们周围世界的工具，如上文提到的望远镜。将我们的机器设备视为成就好事的工具，这种简单的心态转变是参与型数字公民的决定性特征。

年轻一代的声音很重要

培养参与型数字公民的第一步是重视年轻人的声音,他们的贡献和意见非常重要。大多数人都知道年轻人的作用不容小觑,但是,我们社会中的许多元素恰恰传递了相反的信息。许多学校设立课程,是为了告诉我们的孩子,要把他们正在学习的技能应用于将来,而不是现在。他们学数学,因为需要这门知识升入大学。他们学写作,因为在找工作时,这将是一项重要的技能。历史课上,他们学习的对象总是成年人,而不是小孩子。他们对学习经历本身几乎没有任何选择权或控制权。老师会给一份时间表,布置作业,告知他们在某一日期前完成,他们无法自主选择上交日期。不到18岁的未成年人没有投票权。这些事实强化了长久以来的偏见——"年轻一代的声音并不重要"。民主最重要的原则之一是每个人都有发言权。虽然我们把这一点教给我们的孩子,但在他们成人之前,我们几乎没有提供任何允许他们实践自己想法的渠道。幸运的是,数字世界提供了一套内容丰富的工具,可以帮助改变这种偏见。这些工具允许青少年发声,现在发声,而不是几十年后,对他们的数字空间、家庭,甚至对整个世界产生有意义的影响。

❖ 佛罗里达州枪击案

2018年2月,佛罗里达州帕克兰的玛乔里斯通曼道格拉斯中学一下子吸引了全世界的目光。19岁的尼古拉斯·克鲁兹(Nikolas Cruz)手持半自动步枪进入学校,造成17人死亡、多人受伤的惨案。这一可怕事件成为美国历史上致死率最高的校园枪击事件之一。然而,这个悲惨的故事却有个与众不同的结局,将其与其他枪击事件区分开来。它的不同点是在其他校园枪击事件后,传统的新闻媒体和政治领导人会迅速发起围绕该事件的全国性对话,回顾发生了什么,猜测事故背后的原因,讨论谁该担责,判断行为是否合法,有时还做出政治回应。但在帕克兰事件中,学生们最先发起全国性的对话。对来自成年人的观点和结论感到沮丧,学生们利用他们的社交媒体,开展了新对话,成为有史以来最有力、最充分展示青年参与力量的例子之一。枪击案一周后,参与活动的学生几乎出现在所有主要的新闻节目中,并筹集了超过300万美元的捐款来支持他们的事业。艾玛·冈萨雷斯(Emma Gonzáles)在这场活动中很出众。她的推特粉丝超过150万,大约是全国学生联合会的两倍。[2]

枪击案发生后不久,我遇到了玛乔里斯通曼道格拉斯中学的历史老师戴安·沃克-罗杰斯(Diane Wolk-Rogers)。她说，没有人能够事先帮助这些学生准备好如何面对枪击案的恐惧，但他们自己已经在做准备，知道如何使用技术来为自己发声。罗杰斯说："他们用精湛的沟通技巧和公民意识武装自己，我觉得这非常鼓舞人心。"因此，当需要采取行动的时候，他们知道如何有效交流来推动事情朝好的一面发展。参与型数字公民知道如何使用技术来确定问题所在，并提出解决方案，开展他们自己的事业，支持与他们数字空间相关的重要事宜。[3] 微观行动主义，用来描述联合小规模的努力，带来大规模的影响。虽然未成年人可能无法投票或竞选公职，但他们有一系列的微观活动机会。例如，他们可以参与数字世界的活动。对于能够使用社交媒体的年轻人来说，微观行动主义很简单，就是利用数字平台呼吁人们关注社会问题，如消除种族主义，保护我们的地球或资助学校等。大多数州的政府网站上都有一个功能，可以直接向州长办公室反映意见和建议。通过一些网站，任何人，无论年龄大小，都可以向领导人或私营企业实体发送建议。你也可以在请愿书上添加自己的名字。我们身边有许多引人注目的青年故事，他们利用网站呼吁人们关注与他们自身相关的问题。例如，一个10岁的孩子利用社交平台说服甜品饮料店换掉发泡杯，用更环保的替代品。一个七年级学生利用网络成功地向美国电影协会请愿，要求修改一部关于校园霸凌的电影的评级，这样她所在初中的同学们就可以观看这部电影。[4]

并非所有的微观活动行为都会立即产生预期变化，但无论结果如何，学习如何利用数字工具来解决问题，这本身就是一项重要的技能。在数字世界中激励他人行善，这个能力将是未来公民领袖是否成功的决定性因素之一。孩子如果打算在长大后成为社会领袖，他们现在就需要练习如何使用科技改变世界。

识别参与机会

帮助我们的孩子成为参与型数字公民的前提是为孩子示范我们能够借助数字工具有所作为。现实世界中，在公园里看到地上有垃圾时，我会主动捡起垃圾。我寻找这样的机会，因为它可以让我教会孩子，尽管这不是我们的垃圾，我们也可以捡起它，让环境更加干净整洁。我希望通过这一行动示范，启示我的孩子们把学到的道理应用到其他方面，而不仅仅局限于保护环境。在数字世界中，我们需要做同样类型的示范。你很可能已经在使用技术使你的数字空间变得更好，但对于外部观察者，即孩子来说，这并不像捡起一块垃圾那样明显。孩子可能只是认为爸爸又在盯着计算机看。除非向孩子公开如何利用技术成为参与型数字公民，否则我们就会失去示范的机会。这个其实不难，比如说一句"我正在网上发布下周教会献血活动的信息"或者"我正在发信息问克里斯需要什么，因为他的妻子在医院里。你想看看我写了什么吗？"

当然，这意味着我们必须真的在借助数字工具与其他成员交往。几年前，斯坦福大学设计学院开办了一个项目，教人们如何成为自己数字空间的变革者和缔造者。[5] 该计划的第一步是树立一个"从偏见到行动"的思维方式，换言之，我们可以通过开始做好事学到更多东西，进而产生更大影响，而不是花很长时间来分析我们的方法、过度思考其优缺点。就像操场上的垃圾一样，我们不需要做研究，也不需要写行动计划；我们只是确定一个需求，并立即采取一个微小却有意义的行动。在数字世界中，"从偏见到行动"是什么意思呢？它可能是，你注意到自己在网上关注的一家当地食物赈济处需要捐款，于是你在网上发布信息，鼓励你的粉丝与你一起捐款。也可能是，你观察到种族主义或歧视性行为，你给出积极回应，并鼓励其他人也像你一样做。在成为参与型数字公民时，我们可以套用国土安全部朋友的一句话："来都来了，总不能'空手而归'吧。"

除了树立数字参与榜样，我们还应让孩子们接触一些特定的场景，在此他们发现自己可以为别人提供帮助。苏格兰福尔柯克市的西域小学（Westquarter Primary School）的幼儿园老师玛丽·贾兰（Mary Jalland）提出了一个有趣的方法来帮助稚嫩的孩子成为参与型数字公民。她的班级有一只毛茸茸的大象玩具，名叫蓝艾丽（Blue Ellie）。它穿梭于现实世界和数字世界，并与孩子们分享它的"所见所闻"。它的存在可以帮助孩子们了解他们从未访问过的世界，并提高他们对重要社会问题的认识。[6] 在一次旅行中，蓝艾丽分享了它遇到的挑战——世界上部分地区缺乏合格的卫生基础设施。幼儿园的孩子们讨论怎样使用数字工具来帮助解决这个问题，这有助于锻炼他们成为合格的数字公民。在这个特定案例中，他们制作了一个视频，向人们解释在没有厕所的情况下，疾病是如何传播的，并重点介绍了一些非政府组织在提供干净卫生的水源方面的努力。[7] 视频中，他们鼓励其他人参与"厕所结对"活动。这个活动倡议为你家里的厕所购买一个"双胞胎"，这样另一个厕所就可以送给卫生水平低下的地区。[8]

年轻人有无数种方法利用技术成为参与型数字公民。例如，以下还有三种不同的数字参与类型。首先，我们看一下众包——联合众多人的力量来产生巨大影响。其次，我们将研究青年如何利用技术直接参与数字空间和服务于当地街区，包括他们自己的家庭。最后，我们将研究如何通过编码为重要问题制定新的解决方案。

众包解决难题

数字世界的一大能力就是,它允许我们与其他人联合起来,在太过复杂而无法独自解决的问题上有所作为。这种方法被称为众包。它简单易行,帮助我们成为广义数字公民共同体的一分子。众包有利于解决高难度问题,如治愈癌症、减缓气候变化、阻止人口贩卖或广泛存在的问题,如修复城市人行道上的裂缝,使坐轮椅的人顺利通行等。下面的例子是一些众包解决方案。

❖ **历史书变历史电子库**

数字工具可以让我们以前所未有的方式了解我们人类历史上的重要时刻,甚至是我们的家庭历史。然而,要做到这一点,信息必须以数字格式提供。我们历史的许多记录仍然保存在纸质笔记本中,是博物馆中的文物;或者保存在墓碑和其他物理地标上,无法搜索。索引项目是一种众包形式,它能将世界各地的重要历史文物数字化,这样人们就可以在网上搜索、发现这些信息。索引项目通过应用程序呈现历史记录的图像,用户花几分钟时间将记录的描述输入可搜索的数据库即可。

一般来说，同一份记录会交给多人，易于发现错误、纠正错误。史密森学会①已经用这种方法将其收藏的数百万件文物实物进行数字化描述。有些网站的世界档案项目也采用这种方法，要求参与的数字公民将重要的历史数据，如移民记录或结婚证等，转移到数字世界。"寻找祖墓"（Find A Grave）通过众包方式为墓地的墓碑拍照，以便人们能够找到他们祖先的埋葬地点。只要稍加监督辅助，拍照或扫描记录是年轻人加入数字化历史进程的一个简单方法。

❖ **做盲人的眼睛**

众包可以用来服务我们现实世界和数字世界的其他成员。有个应用程序允许参与型数字公民对盲人或视力低下的人施以援手，让他们觉得这个世界更加触手可及。这个想法是由丹麦家具匠汉斯·荣格·维博格（Hans Jørgen Wiberg）提出的，他也有视力障碍。他的一位盲人朋友说，自己用视频电话与家人朋友联系，然后屏幕对面的人可以帮助自己完成之前无法完成的任务。朋友的话启发了维博格，他有了创建这个应用程序的想法。他决定众包使用视频技术来帮助盲

---

① 译者注：史密森学会是由英国科学家史密森（James Smithson）（1765—1829 年）捐款创建的研究机构，下设许多博物馆和研究中心。

人或低视力人士。该应用程序通过移动设备将视力良好的志愿者与有视力障碍的人联系起来。如果盲人在某项任务上需要帮助，如阅读一盒牛奶上的保质期或阅读一个电话号码，他们可以通过该应用程序联系视力正常的人，后者则为他们阅读。超过 200 万名志愿者已经在 150 多个国家以 180 多种语言参与其中，帮助众多患有眼疾的人士。[9]

❖ 遏制人口贩卖

根据国际劳工组织的数据，全球非法强迫贩卖的人数高达 4 000 多万人。[10] 这个数字大约相当于整个加利福尼亚州的人口总数。这一难题很难得到执法部门的有效监管，因为人贩子在数字世界张贴图片宣传受害人时，都极其谨慎，而且都是匿名的，所以人口贩卖屡禁不止。有个应用程序倡议利用技术众包解决这一难题。它对数字公民的要求很简单：住进酒店房间时，就拍下房间的照片并上传到该应用程序的数据库。[11] 人工智能随后识别出房间的独特元素，如窗帘的图案，电视和墙壁之间的距离，地毯的颜色等，进而为每个房间创造一个独特的数字指纹。然后，网站将这些元素与人口贩卖网站上发布的图片背景进行匹配。通过将图像的独特元素与该应用程序的数据库进行比较，执法者可以确定贩卖人口者所使用的酒店，甚至可以确定哪个房间。大点儿的青少年可以趁着下次度假或学校郊游时拍几张酒店的照片,为该应用程序提供线索。

❖ 疾病治疗

众包的最后一个例子——治疗癌症。为了理解这一点,我们可以回顾一下高中时学到的关于蛋白质的知识。蛋白质承担着各种各样的工作,包括支持细胞结构、创造能量、发送信息,以及修复受损的 DNA。[12] 它们也是诸如新冠肺炎病毒、艾滋病和癌症等病毒的组成物质。蛋白质发挥什么作用是由其形状决定的。了解蛋白质的形状或折叠方式不仅能帮助我们推测出某一特定蛋白质的作用,还能为我们提供创造新蛋白质的方法。这些新蛋白质可以帮助我们抵御其他更严重的疾病。由于蛋白质的折叠方式存在巨大的差异性,长期以来,要识别它所有可能的形状,一直是最难的科学问题之一,但是现在,一个名为 Foldit 的众包游戏就能为解决该难题提供途径。在这个游戏里,玩家可以互相竞争,识别蛋白质形状的新变化。玩家每次识别出一个新的折叠模式都会得到积分,但其实最大的赢家是医学科学。全世界有 20 多万人并肩工作,为解码蛋白质提供了超强的动力,从而大大加快了疫苗研发,甚至提供了针对潜在疾病的治疗方法。在一个案例中,Foldit 玩家帮助确定了梅森－辉瑞猴病毒（M-PMV）的结构。该病毒会导致类似艾滋病症状。在此之前，这个科学问题花了 15 年都没有得到解决，但 Foldit 玩家在 10 天内便合作生成一个三维酶模型，这个模型足够精确，可以满足分子置换。[13]

服务网络空间

年轻人可以抓住为当地线上空间服务的机会，做出一些最重要的贡献。此外，也让我们看看怎样利用技术去指导、鼓励他人采取行动，为建设更好的数字空间聚力。

❖ **成为数字世界的一股向善力**

年轻人可以利用技术鼓励身边的人做出更明智的选择。可以是简单地分享鼓舞人心的思想，也可以通过在线渠道强调重要的事务，如提醒朋友们注意"无人独自进食"这种提升归属感的项目，或者参加反种族主义的示威游行。2016 年，社交媒体用户让冰桶挑战一举走红，同时，人们对渐冻症的认识也变得更加深刻。这一在线挑战为渐冻症的研究和支持募集了大约 2.2 亿美元的资金。

成为一股向善的力量，也可以是将聚光灯投向其他需要被倾听的人。2020年夏天，在美国反对种族主义的抗议活动中，社交媒体用户通过大量转贴他们的故事，删除不相关的帖子，来扩大非裔美国人的声音，保护他们的声音被听到、不被扼杀。年轻人通过在数字世界行动来支持他们选择的事业，特别是如果能接到他人邀请一起采取行动，这还会扩大年轻人在数字世界的影响力。

❖ 远程阅读伙伴

几年前，埃里克·特纳（Eric Turner）在纳什维尔郊外的一所为四至十二年级学生开设的非常规学校工作。这里的学生因不当行为而在此接受教育，其间所有学生必须完成一定量的社会服务工作。科里·格雷厄姆（Kory Graham）是明尼苏达州道奇中心的一名农村幼儿园教师。像所有的幼儿园老师一样，她感到压力很大，因为她知道阅读是一种基础技能，孩子的其他学业成功与否都取决于此，要确保一群亢奋的6岁孩子得到足够的阅读练习，对练习的趣味性要求很高。特纳和格雷厄姆萌生了一个数字服务活动的想法。特纳的高中学生每周一次通过视频聊天为格雷厄姆的幼儿园小朋友读书。特纳所在学校的孩子们会准备两本书，而幼儿园的孩子们会选择他们想听的那一本，实际上他们经常两本书都要读。这项活动让本不喜欢阅读的学生有了一个练习阅读的理由。同时也让他们体验到,做榜样需要承担什么样的责任,这种体验是学生们以前从未感受过的。

特纳回忆说:"学生阅读完后,都容光焕发,可以看到这项活动对他们的积极影响。"幼儿园的孩子们也有类似的经历。"这真的很有魔力,"格雷厄姆说,"这种经历很特别,高中的孩子们愿意花时间给幼儿园孩子们读书。真让人难以置信。"[14] 特纳记得他有一个学生曾说读英语原来非常吃力,但给幼儿园的孩子们读书,成了他努力学习语言的新动力。他要不断练习,这样他才能把故事读好,孩子们才能听懂。

两位老师很快意识到,这项活动的好处远远不止提高读写能力。格雷厄姆的学生生活在一个以白人为主的街区,线上阅读活动让他们有机会与特纳的多元化学生群体互动,可以与来自不同背景的人社交。"这表面上是让大孩子们为小孩子们读书的活动,但实际上更像是交友活动。"对于特纳的学生来说,数字工具不仅为他们提供了一个社会服务的机会,也让他们收到了给空间其他成员做贡献所带来的积极反馈。

❖ **邻里互联互通**

数字世界也可以成为加强年轻人互相联系的大平台。现实世界中,我们经常不知道邻居的名字,但一些应用程序有助于创造一个联系更加紧密的空间。最近，一位朋友给我分享，她所在的街区有一个家庭建议设立一份在线报纸，这份报纸由孩子们运营，可以让邻里在新冠肺炎疫情流行期间保持联系，同时让孩子们在完成远程学习任务时获得更多乐趣。

我们可以思考如何创新邻里交往方式。首先我们可以问孩子想帮助邻里解决什么问题，是打扫街道，协助慈善机构，还是在社会消极时期传播乐观情绪？技术可以帮助他们依据自己的兴趣创造机会，和空间里的其他人建立密切联系。另外，作为思想更加成熟的父母，我们可以利用数字技术，在社交媒体上广泛传播当地的重大事件和重要事务，条件允许的话可以让孩子们也参与进来。他们的创意可能会给我们带来惊喜。

增进家庭关系

在我们孩子参与的所有空间中，他们的家庭可能是最重要的。参与型数字公民知道如何借助数字工具来加强与家庭成员间的联系。作为父母，我们可以示范如何使用数字工具加强家庭关系。你可以在自己家里尝试以下这些新方法。

❖ 线上家庭委员会

由于工作或者其他原因，我的家庭成员遍布全国各地，可能每年只有一次见面的机会。为了增进家庭成员间的联系，我家形成了一个传统——每月举行一次线上家庭会议。家庭会议期间，每个人都登录在线视频软件；每个家庭成员轮流主持会议。主持人需要先快速介绍每个成员的情况，并分享当月取得的成就，然后成员共同讨论即将到来的家庭活动和可能面临的挑战，以便大家意识到有机会相互帮助。有时，我们会举行只有父母参加的家庭委员会，讨论可能不适合孩子们参与的问题，比如提供建议，如何支持某个有难处的家庭成员等。但即使在这种情况下，我和妻子也会告诉孩子们，爸爸妈妈正在召开家庭会议，这样他们就能学习并掌握"利用数字工具建立家庭联系"的概念。除了每月的家庭会议，我们还使用家庭短信等应用程序来保持彼此之间的联系。技术是强大的工具，可以打破时空的局限，拉近家人间的距离。

❖ 记录家庭"精彩瞬间"

培养孩子成为参与型数字公民的方法众多，但我最喜欢的一种是记录重要的家庭时刻。我们在进行家庭旅行或庆祝某个节日时,孩子可以承担起保留美好记忆的任务。几乎每台数字设备上都有高质量的相机,且这些工具触手可及。孩子们利用这些工具就可以成为摄像师和摄影师。年龄较小的孩子如果还没有自己的设备,可以借用父母的手机。在我们家,我们期望孩子们记录家庭经历,这可以作为他们设备使用协议的一部分。免费的视频和照片编辑应用程序可以将照片和视频集变成故事集。除了拍摄照片和视频,我家还有记录精彩瞬间的传统。当一个家庭成员说了或做了一些特别有趣的事情,无论当时谁和他们在一起,都会在一个共享的笔记应用程序上写下刚刚发生的事情。年底,我们创建一个有趣时刻的"最佳"合集,并把它分享给朋友和家族里的其他人。如果孩子不用数字设备捕捉这些瞬间,那么我们就会丢失许多特殊的家庭记忆。

保存家庭故事

埃默里大学心理学教授和文科学院主任罗宾·菲伍什(Robyn Fivush)的研究显示,家庭故事会在孩子的生活中发挥不可思议的重要作用。她的研究表明,无论是作为个人还是家庭一员,分享家庭故事有助于孩子形成自我意识。她说,家庭故事赋予孩子们一种归属感。[15] 在研究中，菲伍什发现，能够复述家庭故事细节的青少年有更强的自尊心和更坚忍的耐力。此外，孩子可以用父母告诉自己的故事来理解关于自己的事情。有这么一个例子，一位青少年回忆了他母亲为另外一个孩子挺身而出反对霸凌的故事。讲完故事后，他说："我总是敢于为自己发声，是因为我母亲也这么勇敢。"通过家庭故事，这个少年学习到了一些重要的东西，不仅知道了母亲的为人，而且上了一堂重要的道德课。[16]

　　孩子们用数字设备记录家族历史的同时，也加深了他们与家人之间的联系。几年前，我们想出了一系列的问题来采访孩子的曾祖父母，并在采访时录制了音频。详细内容见下文"家庭历史访谈的入门问题"。这些录音保留了他们曾祖父母的故事，让家庭成员能够继续听到过世亲属的声音。

　　有些网站是讲述家庭故事的工具。它们可以让孩子看到家庭中最早的成员是谁，自己来自哪里，以及自己还与谁有联系。我们与孩子们一起搜索，找到了数百个家族祖先，还找到了一些我爷爷来到美国时的记录，甚至还有一张他坐船的照片。孩子们使用数字工具留存自己家庭的历史，他们知道自己是大家族中的一员，当遇到挑战时，家族会是一个更强大的后盾。

家庭历史访谈的入门问题

在采访孩子们的曾祖父母时,我们问了以下几个问题。你可以以它们为基础,开启自己的家庭故事,也可以用一些应用程序亲自记录故事,还有数以百计的音视频编辑软件帮助你达成目标。

- 你最奇怪的工作是什么?
- 你最尴尬的时刻是什么?
- 你是如何认识你的伴侣的?
- 你最喜欢伴侣的哪一点?
- 你孩提时的榜样是谁?
- 家里成长环境是怎样的?
- 你最喜欢去哪里旅行?
- 你在学校里和谁最要好?
- 你小时候认为你长大后会成为什么样的人?
- 你是否在军队服过役?如果是的话,你是做什么的?
- 回顾你的人生,你有什么遗憾吗?
- 你不得不做出的一个艰难决定是什么?你是怎么做出决定的?
- 在你有生之年有哪些重要的世界大事发生?

06 | 积极参与：借科技之力建设美丽家园

编码：解决问题的语言

目前，我们已经探索了如何借助数字工具来放大孩子的声音，以及如何凝聚力量改造世界。但是，为了让我们的孩子准备好成为合格的数字公民，我们可能还要考虑另一种技能。我们需要教会他们在数字世界中解决问题的语言：编码。我在担任罗得岛州首席创新官时，设定了一个目标，要让罗得岛成为美国第一个在每所学校都教授计算机科学的州。该倡议以街区为基础进行推广，引起了全国的关注。不到18个月，我们实现了目标，并且这一时间还刷新了公共教育领域改革的最短耗时纪录。你可能更关注成果，但我建议你也思考一下我这么做的原因。为什么对于新英格兰地区的一个小州来说，确保孩子们都有机会学习编程是头等大事呢？哪怕他们今后对计算机职业并不感兴趣。

想一想我们现在和未来在全球共同体中面临的一些挑战。比如现在我们需要快速生成疫苗保住性命；我们需要更便捷地获得教育机会；我们需要一整套方案来解决那些未来威胁人类生存的危险；我们需要为世界上某些落后地区提供金融方案；我们需要新的商机，确保新一代工人为未来的工作做好准备等。当然，我们需要做的事情远不止这些。我们面对的问题和挑战多种多样且十分复杂。即使问题五花八门，唯一不变的是，未来解决它们的方法很大程度上需要用到代码。代码是未来解决问题的语言。专注于教授计算思维的州和国家将更有能力解决未来的难题。反之，如果不具备这项能力，你会发现，无论是人还是国家，对外依赖性只会越来越强。

在我们教授代码时，我们需要考虑到有一部分孩子可能目前没有意识到学习编码的价值。华盛顿大学的一个研究小组探究了计算机科学课堂吸引力不足的原因，以及可以做些什么才能让它变得更好。事实证明，从墙上取下一些星球大战海报并添加一些植物，就能让我们的空间变得更加温馨。但是推广课程并没有那么简单。学校和家长需要明白，编程并不是仅仅向计划从事该专业的男孩们开放，而是向希望成为参与型数字公民的所有人开放。如果只向有限的一群人教授编程，那将极大地限制人类未来解决问题的能力。

在世界各地，积极参与型数字公民正在钻研应用程序，以此应对不同的挑战。布列塔尼·温格（Brittany Wenger）17岁时，就决定钻研计算机诊断脑癌的程序。[17]萨克特·贾乔迪亚（Saaket Jajodia）和他的哥哥萨利尔（Salil）开发了一款应用程序，可以让他们的同龄人花时间为班加罗尔社区做公益。[18]大卫·苏金（David Suhkin）上六年级时，开发了一个应用程序，可以帮助预测第二天会不会下雪。对于学生来说，这确实是个重要问题。[19]

我最近访问了哥伦比亚卡利市的卡利普索高中。这所学校位于经济欠发达地区，运营资源非常有限，但是校长阿尔维里奥·贝拉斯科（Alverio Velasco）深知培养学生成为参与型数字公民的重要性。他优先考虑教授计算机科学，并将想法付诸实施。在我访问期间，一群学生向我展示了他们设计的一个程序，该程序旨在通过传感器控制公交车站的照明，大大增强了公共交通的安全性。另一名学生向我展示他自己画图并用3D打印技术做成的操作机械手。他告诉我，他的设计可以帮助那些失去手臂的人。这些项目的代码无非是基础编码，但卡利普索高中学生确实是利用编码建设了更好的家园。

❖ **编码学习于编程马拉松**[②]

当然，大多数孩子上高中时，都不知道如何设计计算机诊断癌症的程序。要想实现真正的突破，他们得花费一生与其他参与型数字公民合作，因为他们都用编码解决问题。但

---

② 译者注：编程马拉松（hackathon，又译为黑客松）是一种活动。其精髓在于很多人在一段特定的时间内，相聚在一起，以他们想要的方式，去做他们想做的事情——整个编程的过程几乎没有任何限制或者方向。

要做到这一点，我们需要现在就让他们具备基本技能。我们可以与孩子的学校讨论他们学校提供的计算机科学课程。Lightbot 等应用程序教编码都很有趣，可以让年幼的孩子在家开始学编码。Code.org 的"编程一小时"板块鼓励孩子们通过各种在线编程活动来改变世界。

对于已经了解编码基础知识的大孩子来说，一个练习技术的好方法，是去参加编程马拉松的计算机竞赛。编程马拉松需要以团队的形式参赛。竞赛方式是，学生们利用技术在短时间内，通常是一个周末的时间，解决各种问题。我为奥巴马工作时，我们在白宫举办黑客松研究各种问题，设计琳琅满目。从让第一代大学生规划大学生涯的更简便的数字工具，到帮助家庭更轻松地访问线上医疗记录的程序都有。在罗得岛，我们没有创建一个单一的公共交通应用程序，而是提供了对包含我们城市公交车实时位置的数据源访问权限，邀请包括学生团队在内的开发人员来构建应用程序，以帮助罗得岛人更有效地利用公共交通系统为自己导航。以新冠肺炎病毒为主题的全球编程马拉松竞赛有来自 175 个国家的参与者，共同努力应对新冠肺炎病毒流行病的挑战。

总之，我们的孩子有无数的机会可以让世界变得更美好。他们不必等到年纪大了才开始影响周围人。幸运的是，与之前的任何一代人相比，他们可以获得更强大的数字世界参与工具。作为父母，我们的工作是，帮助孩子们适应数字世界，学会用数字工具做好事,同样这在增进我们的家庭联系方面也很重要。在数字世界,会编程的人会利用一串串代码解决问题。我们的孩子需要不断学习如何使用他们强大的数字设备,来改造数字世界和现实世界,同时他们也在练习成为未来全球领导者所需的技能。

下一步行动

行动条目

- 模拟使用数字工具参与微观行动或众包解决问题,并在适当的时候让孩子参与。
- 与家人集思广益,探讨他们可以通过什么方式利用社交平台和技术帮助社区,包括强调重要事业或事宜。
- 养成定期线上进行家庭互动的习惯,如家庭会议或与远方亲戚聊天,可以是一起读书、学习或教授新技能、玩游戏等。
- 与学校讨论所提供的编码课程。与孩子一起,选择一个有趣的应用程序、在线程序或教授编程的在线小组。
- 考虑添加一些面向社会服务的数字活动,作为设备使用协议的一部分。

- 与孩子一起使用数字设备，去记录重要的家庭时刻或家庭故事。

对话开场白
- 你可以做些什么让你周围的世界变得更美好？
- 你是否曾在网上找机会帮助他人？
- 如果你可以帮助你的学校解决一个问题，会是一个什么问题呢？
- 你如何利用技术来帮助解决问题？
- 如果你可以发明一款让世界变得更美好的新程序，它会是什么样的？
- 你如何记录和保存家庭记忆和家庭故事？

07

保持警觉
创建安全的网络空间

前文提到，确保网络安全并不等同于培育数字公民。虽然这两个概念不能互换，但确保网络安全和隐私一直是数字公民保持警觉的重要能力。在谈及网络安全时，我更喜欢用"警觉"一词，因为它提醒我们，维护网络安全需要行动和意识；我们通过教育孩子保持警觉来保证他们的安全。数字公民不仅要确保自身网络安全，还应注意为他人创造一个安全的网络空间。

在我看来，数字世界就如同核电站一样让人警觉。核能是美国清洁能源最大的来源。核电站使得每年进入大气层的碳减少5.2亿吨，这相当于从道路上移走1.11亿辆汽车。[1]但是，这些核电站也具有非常大的相关风险，包括成为恐怖袭击的目标，遭受自然灾害带来的破坏，承受由于操作不当而带来的严重损失或核辐射泄漏等。风险确实存在，但美国核电站的安全措施着实令人骄傲，未雨绸缪总是没错的。这些安全措施可分为三类。首先是技术保护，包括运动和温度传感器，凸轮和齿轮。每扇门上都有警报器，发生故障时都会发出警报。其次是物理保护，比如核电站周边设有防锈栅栏，大门上锁，以及全副武装的安保人员等。最后一类安全措施是员工培训。每个踏入核电站的人，从门卫到首席执行官，都必须接受适当的培训，了解恰当的工作程序，如何在工厂内避免危险，以及学会处理突发情况。

作为4个孩子的父亲，我努力保护孩子们的网络安全，这有点像国家保护核电站一样。未雨绸缪比亡羊补牢要好得多。让我们来看看核电站保护的三种类别,并探讨如何将每一种类别应用到家庭网络安全上。

应当注意的危险行为

为了提高警惕,防止危险发生,父母需要注意潜在的风险。以下是互联网上可能存在的几种危险行为,我们应该保持警惕。

- 发布关于某个群体或个人的冒犯性信息或帖子,即"寻衅谩骂"。
- 搜寻并大范围传播他人的个人信息,并进行羞辱,即"人肉搜索"。
- 设法得到他人社交媒体的账户密码,或模仿本人创建一个新账户,并以他们的名义发帖。
- 威胁要发布真实或合成的裸照,以此操纵他人,即"性勒索"。
- 装作要网恋,以操纵或羞辱他人,即"网络自夸"。
- 用钓鱼网站或邮件骗取他人钱财或个人信息,即"网络钓鱼"。
- 招揽成员,使之信奉极端思想或做出极端举动。

- 在网络购买或出售非法物品或工具。
- 向他人发送裸照或私密照片,即"色情短信"。

有些人可能会忽略最后一条,因为它通常是两相情愿的。然而,在许多州,未成年人发送或拍摄私密照片会认为是传播儿童色情制品,要承担严重的法律后果。此外,如果关系恶化,那些私密照片可能在未来引发不怀好意的网络传播。

技术保护

第一个保护核电站的类别是技术保护。对于网络安全来说,最基本的技术保护是网络信息过滤服务。网页过滤器是一种能够识别危险或异常网站的软件,并阻止这些网站访问网络上的计算机和移动设备。网页过滤器可以安装到任何家庭无线网中,只要一使用网络,联网设备就会自动受到保护。一些软件会提供免费的网络过滤服务,可以筛选出绝大多数含暴力和明确的性犯罪内容的信息。这类软件服务启用便捷,并提供详细的使用说明。你需要登录自己的无线网络设置然后启用软件。如果你还是不明白如何操作,只需要给你的网络供应商打个电话,告诉他们你想要设置一个网页过滤器，他们应该能很快协助你解决。

家庭无线网中的网络过滤器有一个限制，那就是当设备通过另一个网络连接到互联网时，如通过朋友家的网络或手机流量网络等，它的服务就会失效。这时候就得看设备过滤器了。这类服务使你能够在每台设备上设置一个单独的过滤器，无论它使用哪个网络联网都可以进行过滤筛选。除了网络过滤器，我们还可以设置各种定制的功能，每一个设备都有特定的功能，如睡眠模式、网络欺凌信息警报等。可用的设备过滤器有很多。设备过滤器需要付费订阅，但一般来说都物有所值。美国所有主要的无线供应商都可以提供设备过滤服务，只需要每个月多花几美元，就可以添加到你现有的无线套餐中。

安卓系统和 iOS 系统设备中有一些内置的家长监管功能，也同样值得探索。不过最有用的还是家长提前审批应用程序，而后再决定是否将其下载到手机上。启用程序时，孩子在设备的应用商店中将会看到"请求"弹窗而不是"下载"弹窗。这将把应用程序请求发送给账户上的指定审批人，审批人的手机上会弹出同意或拒绝的对话框。无论是苹果手机还是安卓手机，都可以启用家长监管功能。

信息过滤只是为家人创造安全环境的第一步。你的孩子在互联网自由冲浪之前，你还应该考虑其他技术保护措施。

❖ 访问是一个过程，不是一个结果

实现技术保护的另一个途径是限制设备功能，但这个功能极其容易被忽视。许多家长认为，设备访问只有随意访问和不可访问两种情况。因此，一些孩子首次接触智能设备时，就可以完全使用设备上的所有功能——这意味着孩子们要抵制的诱惑太多了。得到使用电子设备的许可应该是一个逐步进入数字世界的过程。说到开车，我们并不会在某天就草率地把钥匙交给孩子，然后放任他们上路驾驶。通常情况下，他们首先要在市区骑车探路，来学习导航能力。然后要在停车场练习停车。在接受专业培训后，我们才允许他们上路练习，但只能在成人的陪同下进行，并且只能在白天练习。即使他们拿到驾照，我们也可能等实习期结束后才放心让他们在市区开车或者搭载朋友。

设备访问权就好似独自驾驶权。在我们家，孩子们第一次接触的电子设备通常是一个我们的二手手机或平板电脑，在此之前，我们会预先删除设备上大部分的应用程序。我们把它变成一个相当于学习导航的设备。在练习开车之前，他们要先适应自己的自行车。我们已经使用8年的旧手机上没有流量，没有网络浏览器，而且不能登录社交媒体。只有几款有趣的游戏、一个计算器、一个时钟，以及拍照和连入家庭网络时向他人发送信息的功能。因为我们开启了应用程序批准功能，没有我们的同意，他们就不能添加其他应用程序。那么这个数字设备就好似一辆自行车，而不是特斯拉。尽管它可能看起来和我十几岁女儿的手机一模一样，但功能却大大受限。孩子们花费几年时间逐渐积累经验并获得我们的信任，我们逐渐将部分应用重新下载到设备上，比如网页浏览器，还会允许孩子订阅流量套餐。重点是使用手机不是结果，这是一个渐进的体验。孩子们需要好几年的时间才能日益成熟并得到信任。

❖ 自动播放不等同放肆播放

有一项技术保护非常重要，值得额外注意，那就是自动播放。在现实世界中，你绝不可能允许一个陌生人到你家来，接走你的孩子，带他们去其他地方，因为你不知道他们是谁或将要去哪里。然而，当我们让孩子面对一个开启自动播放功能的应用程序时，我们其实是让孩子身处危险中。确实，有时候成年人也控制不好自己。例如，我知道我也许该做点手工找点乐趣，而不是先看小 P 优优（Pocoyo）逗笑自己，但也有很多时候，我们看会视频休息休息，让身心得到满足，同时陪着孩子也能保证他们的安全。但不管我们需要休息多久，我们都不应该把视频观看内容的选择权全盘交给一个算法，这个算法只会关注商业利益，根本不在乎用户的想法。

在这方面，YouTube 的问题尤其多。因为视频制作者只有让自己的视频得到播放，他们才能从中获利，所以许多视频制作的目的是为了切合 YouTube 的自动播放算法，而不是为了吸引更多观众。基于自动播放算法，平台播放的视频甚至可能都不用真人操作，机器自动生成就能完成，因为机器知道获取最大商业利益。根据自动播放算法播放的视频可能永远不会是你孩子主动选择观看的，视频内容甚至可能对孩子幼小的心灵产生巨大冲击。在 TED 演讲中，詹姆斯·布莱多（James Bridle）展示了自动播放功能如何经过短短十步，从播放唱着字母歌的快乐动画片，到播放乌七八糟的迪士尼卡通人物性爱动画片。幸运的是，解决方式很简单，打开禁用自动播放功能即可。一些视频网站现在都提供了禁止自动播放功能。因此，可以在观看视频的间隙休息一会儿，但不要把孩子观看下一个视频的选择权交给一个机器。我们应该有目的地选择孩子们观看的网址。

❖ 技术保护的安全幻象

技术保护，如我之前提到的那些，是保护孩子安全上网最简单的工具。但我们应该注意，完全依赖技术并不是一件好事。许多家长和学校领导将技术保护作为确保孩子网络安全的唯一策略。每天都会有近 55 万个新建网站，每分钟约有 380 个新网站。[2] 仅 YouTube，每分钟就会上传约 300 小时的新视频。这一增长规模和速度都很惊人，即使是最好的网络过滤器也跟不上如此数量的新数字信息。此外，决定什么内容能够通过过滤器，这个问题很棘手，不像看起来那么简单。如果我们屏蔽所有带有成人语言的网站，我们会在不经意间抹去孩子们接触许多有价值的文献，甚至部分《圣经》的机会。技术保护太严格会阻碍互联网的部分合理功能，这实际上是在鼓励孩子们寻找方法绕开过滤器。虽然我们可能不愿意承认，但即使是最好的技术保护措施，也总有漏洞可钻。

仅仅依靠技术保护的真正危险在于它们不需要任何人工操作，换言之，我们没有做任何人工准备。当孩子确实遇到一些不当的网络内容时，我们应该如何应对那个不可避免的时刻呢？我们决不能认为，增加技术保护就可以免除我们教导这些新数字公民保持网络警惕性的责任。关于这些技能，我们需要回到核电站安全措施类比中的其他两方面。

物理保护

第二个保护核电站的类别是物理保护。它们不需要技术技能来实施或安装相应软件。在保护孩子们的网络安全时，最好的物理保护是设定数字设备使用范围名单。学校和娱乐中心通常将更衣室设为无设备区，原因大家了然于心。但是，我们还应该在名单上添加其他地点。在我们家，有个简单的要求，就是当你在房间里使用数字设备时，房门必须打开。我的孩子第一次使用数字设备时，就养成了这个好习惯。这个方式虽简单，但教导孩子一个重要理念：需要关门的隐私时刻，如换衣服时，应该把数字设备拿出房间。在孩子小时候就培养这种意识，那么等他们成长为青少年，他们就会形成一个自然的反应——开着数字设备时会本能地打开门。这个简单的习惯大大降低了问题出现的可能性。

物理保护还需考虑数字设备的摆放位置。把家庭计算机放在地下室的墙角，与建造核电站但不设置周边围栏一样，都是在为灾难埋伏笔。摆放家庭计算机更合适的地方可能是厨房的书桌区域或其他使屏幕朝向房间的位置。如果考虑到空间限制使得计算机必须放在孩子的房间，那么，摆放计算机时请一定将屏幕朝向门。这样，其他人能看到屏幕上的内容，想隐瞒网络欺凌就十分不易了。物理保护的最后一个要点就是在设备使用完毕后要及时上交，笔记本电脑也不例外。正如我之前提到过，在我们家，所有的移动设备都存放在我们卧室角落的桌子上。晚上将设备放在充电站里可以保证睡眠不被打扰，同时也消除了一些不良想法。

培训保护

第三个保护核电站的类别是培训保护。就像任何人在进入核电站前都必须接受培训一样，我们的家庭成员也要接受训练以规避数字世界的潜在危险。本部分要点是我们要尽最大努力建立一个公开的对话，讨论孩子们上网的相关经验。不仅如此，我们还应该进行持续的对话，询问孩子们要去哪个网站，在数字世界中要做什么。孩子们去朋友家做客回来，我们可能会问他们："你在吉姆斯的家里做了什么？"同样，孩子们访问数字世界后，我们可以问，"今天在网上做了什么？"或"最近你有什么有趣的想法吗？"持续的对话可以提供一个解决各种潜在问题的渠道。

媒介素养教授雷尼·霍布斯建议父母应与孩子一起参与网络空间，更有利于就其中发生的事情展开对话。和孩子一起上网的目的不是控制他们的行为，而是创造一种能监督孩子安全有效地浏览网络空间的条件。父母可以协助评估孩子在数字世界的行为是否正确，同时也能更加了解孩子的想法。

与孩子们共同参与数字世界，对于不太熟悉网络的那部分家长来说，这也是一种很好的学习机会。我们可以让孩子们教我们如何下载有趣的游戏，或让大一点的孩子分享他们在抖音上看到的 5 个最有趣的视频。我们可以进行一场友谊赛，看看谁能在一个星期内拍出最有创意的照片，或者找到最有趣的视频。此外，我们可以从孩子那里寻求建议，比如如何用技术来解决我们在家里或工作中亟待解决的问题。不过，我们不要因为自己不精通技术而贬低自己在其他方面的价值。应该注意的是，不要把孩子们的技术能力与技术素养混为一谈。技术能力和技术素养并没有直接的关联。除了父母与孩子们建立持续的对话之外，关于他们在数字世界活动时如何保持警觉，以下有三点建议。

❖ 不是每个人都值得信赖

每个数字公民必须学会的一个基本概念就是：在数字世界中，并非每个人都是值得信赖的。我们已经在现实世界中教导孩子不要与陌生人交谈，不要上陌生人的车等。但在数字世界里，我们必须另外叮嘱他们一点——不轻信他人的表面。一个在网上发布照片的 15 岁纽约女孩，可能实际上是一个 45 岁的印度男人，孩子们可能会觉得难以置信。在现实世界，一个人的身份为其他人是否信任他提供可靠的依据。而当我们在互联网上用这种方式建立信任时，对方可以轻而易举地捏造一个身份，把我们拉入泥潭。另外还有一种可能性，我们与认识的人交流时，屏幕背后的可能并非是我们的熟人。我们应该让孩子们警惕朋友的账户可能已经被非法入侵，以下是一些常见迹象。

- 对方提出一些似乎他们平时并不会问的问题。例如，"你说一下你的住址。"或"我们当初是怎么认识的？"
- 对方称有急事，需要立即用钱或询问你的银行信息。
- 对方不愿意换一个方式，如电话、视频等，讨论某个问题。
- 对方要求提供私密照片或你的其他个人隐私。

任何情况下，只要孩子对一个网络身份的信誉或身份存在顾虑，父母都要鼓励孩子来和父母交流。

❖ 某些数字空间相较而言更有风险

和现实世界一样，数字世界中各个空间的风险性不同。我们应该告诫孩子们注意相关迹象，以确定一个数字空间是否安全。对于网站来说，网站上有 URL 标识的，表明该网站已经由第三方验证。对于一个应用程序，你可以看一看大众媒体的报道。有一些迹象可以表明一个网站或应用程序可能是不安全的，包括明显的拼写或语法错误、要求你下载软件或保存文件，或强制打开多个浏览器窗口。我们应该对任何看起来不寻常的 URL 保持警惕，如 SOgOU.com、alibaba.net 等。

　　互联网的每个空间有着不同的风险性。如果你认为网络是一片海洋，大多数你接触的网站是在近岸区。这些网站的 URL 以有效的 .com、.org 和 .gov 结尾。这些网络指的是百度搜索中的部分网络。但在这个水平以下，存在互联网的另一部分，称为深网或暗网。通常情况下，这些网站以 .onion 结尾，而且你通常必须使用一个特殊的网络浏览器，如 Tor 才能登入。这一部分网络允许你购买一些特殊服务，如雇用黑客盗取他人的网络身份，或者购买廉价的山寨药。这里还会出售和交易从表层网络上盗取的私人信息。你的孩子不小心进入暗网的可能性很小，但我们都要明白，数字世界也有后门暗巷；我们应该教他们避开所有那些宣传不正当活动的网站。国际技术教育协会的首席学习官约瑟夫·索斯（Joseph South）建议，父母应教孩子在使用某个网站前思考某个网站或应用程序给孩子什么感觉，如果感觉有什么不对，不要再等额外确认，不要犹豫，直接退出。

❖ 认识到个人信息的价值

　　个人验证信息（Personally Identifiable Information，简

称PII），是指任何有可能识别出某人身份的信息。PII包括姓名、地址和电话号码等明显信息，还包括诸如医疗史、网络购物记录或学校课表等信息。警惕的数字公民会注意不与可信度不高的人分享PII，注册新的网络账户时，我们可能会选择分享一些PII。但如果我们不够仔细，也会在不经意间将其分享出去，如发布的照片背景里恰好有一个门牌号暴露了我们的位置或使用了不安全的无线网络导致一些信息被窃取。有许多诱骗我们分享PII的方式，如参与一个看似无害的在线性格测试，它会询问像"你母亲的婚前姓名是什么？"或"你在哪条街上长大的？"这样的问题。这些问题通常都是我们网络账户的安全验证问题。

PII对数字世界中的公司来说是非常有价值的，可能比直接售卖产品的利润高得多。如果一家公司可以获得我们的PII，它就可以创建一个定制销售渠道，并在几年的时间里不断优化，提升销售额。换句话说，我们的个人信息是一种货币，可以以一个非常有利的汇率兑换成现金。但这只是假设获取我们PII的人只是单纯想取得商业利益而无害人之心的情况。在暗网上，PII可以通过买卖获取经济利益，或者用来故意破坏某人的声誉。我们需要确保我们的孩子明白，当他们输入自己的个人信息以获得一个"免费"的应用程序或服务时，他们就是在为应用付费，但用的不是现金，而是PII。这可能物有所值，但它永远不会免费。警惕的数字公民清楚自己个人数据的价值。他们知道如何评估其收到的服务，以及这个服务是否值得用个人信息这种宝贵的货币支付。

发现安全违规行为

就像应该注意不同类型的数字骚扰一样，我们还应该注意到可能发生危险行为的迹象。以下是我们应该注意的一些常见迹象，汇编源于反诽谤联盟的数据。[3] 任何一个数字公民有以下迹象时，我们都应该特别关注。

- 在上网或使用手机期间或之后变得情绪多变，充满负面情绪。
- 逃避家人或朋友。
- 不愿意参加以前喜欢的活动。
- 不想去学校或某个特定的班级。
- 每当你路过他们身边时他们就会切换屏幕，或者只想在私人场所使用计算机。
- 当他们收到实时讯息、短信或邮件时，看起来很紧张或神经质。
- 饮食或睡眠习惯发生巨大变化。

如果你怀疑你的孩子参与了任何形式的不良网络活动,你可能会抓狂,想毁掉他们的电子设备,或将设备永远锁在一个安全的房间里。不幸的是,这从来都不是最好的办法。解决不当的数字化互动需要保持良好的信任关系,并与你的孩子坦诚对话。当谈论到是否正在发生危险行为时,尽可能保持冷静。如果你迅速解决这些问题,那么后面的遗留问题就会更少。然而,如果孩子选择对你隐瞒这一危险行为,在几个月或更长时间里,它仍未得到解决,后果可能会变得更加严重。一旦发生网络暴力,不要回应或报复犯罪者。这可能看起来有悖常理,但往往犯罪者的目的就是得到这样的回应。

面对危险的数字行为,可以采取一些有用的行动。如果有人在数字世界中骚扰你的孩子,你可以使用工具进行拦阻,这样就不会收到更多的骚扰消息。如果这一骚扰发生在社交平台上,你应该曝光这一不当行为。如果情况越发恶劣,记住保存不当信息或帖子的副本作为证据。和你的孩子谈谈任何他们做过的可能使他们成为网暴靶子的事情,如在公开网站上发布个人信息、发送有损名声的照片或自己参与到骚扰行为当中。这并不是要把矛头指向你的孩子,而是为了了解事情的全貌。如果这些危险行为涉及其他学生,你需要及时提醒学校的辅导员或管理人员。最后,如果出现人身威胁或其他非法行为，请联系警方。

我们必须让孩子明白：数字世界里，不是每个人都值得信赖，也不是每个地方都安全，我们应该保护自己的个人数据。这些是让他们避免网络风险的关键因素。加上技术保护和物理保护，警惕的数字公民可以充分利用数字世界，维护自己和他人的安全。一旦发生问题，一场坦诚的对话就能得到快速回应和支持。就像在核电站一样，尽管会发生错误，但保护措施恰当周密，层层到位，因此在问题变严重之前，一个快速干预就可以解决几乎所有的问题。

下一步行动

行动条目

站在孩子的角度，根据最大化收益选择一个互联网或设备过滤器。对于年龄较小的孩子，他们只在家里使用互联网，因此可能只需要一个互联网过滤器。对于将电子设备带出门的大孩子们，设备筛选器可能更有意义。

- 谨小慎微。不要让你的孩子在第一次拿到电子设备时就接触到每一个应用程序或功能。
- 设置物理保护。例如，规定使用设备时必须开门，规定公用计算机放置在一个人来人往的空间，并指定一个夜间设备充电站。
- 禁用任何视频流媒体服务的自动播放功能。
- 花时间和你的孩子一起熟悉他们最喜欢的数字活动。
- 留意任何表明你的孩子正处于危险中的警示信号。

对话开场白

- 如果你对别人要求你在网上做的事情感到不舒服，你应该怎么做？
- 你是否见过有人在网上挑衅他人？
- 当你看到有人在网上对他人释放恶意时，你会怎么做？
- 有哪些警示信号表明一个网站或应用程序可能不安全？
- 你在抖音及其他视频网站上关注的人中最喜欢谁？喜欢他们什么？
- 如果你对于在网络上看到的内容感到忧虑，你会不会放心地来告诉我？
- 作为家庭成员，上网时我们应该如何保护自己？

08

发挥团队合作的力量

提及家庭成员的身心健康，读者们可能下意识地认为这是父母的责任。因为保证孩子健康的责任重大，父母孤军奋战收效甚微，所以父母要懂得借助团队力量。我们的身后有庞大的团队和组织，它们的目标和父母的一致。面对火灾，我们教孩子如何从发生火灾的建筑物安全撤离，同时我们也希望楼房设有可用的消防通道，同时训练有素的消防员能够迅速控制火势。驾车时，我们告诉孩子务必系好安全带，但我们也希望汽车配有符合安全标准的安全气囊。医生会帮助生病的孩子摆脱病痛；市政人员确保我们饮用的水安全卫生；警察为我们居住的社区提供治安保证；学校帮助我们的孩子为未来的学习和职业做好准备。

当谈到孩子的数字健康问题时，父母承担了一些关键责任，这是本书讨论的重点。如果把培养健康数字公民的所有责任推给父母，那是不负责任的表现。维护数字健康需要全社会的共同努力。我们需要专业团队的支持，建立起父母可以信赖的支持体系，团队中的每个人都要发挥自己的才能，与父母共同承担起保证孩子数字健康的责任。明确其他团队成员的角色（或潜在角色）对于提高父母的合作意识很重要，也有助于督促所有团队成员履行自己的职责。作为父母，其他团队角色是否尽到他们的责任将决定我们的期望是否能够得以实现。

考虑到这一点，让我们认识一下团队中的其他成员。我们还会寻找更多的机会,倡导并要求这些团队成员采取更多的行动,以确保儿童的数字健康。构成我们扩展的数字公民团队角色有数百个,但从实用性角度考虑,我们主要着眼于以下三个关键的角色:数字平台运营商、政府和学校。

数字平台运营商

我们将从团队中最醒目的成员——数字平台运营商开始。尽管提供的技术可能会给我们的数字功能带来一定障碍,但大多数数字平台提供商创造健康数字公民不为别的,就为了自我保护。负责任的数字平台会识别并阻碍一些不适信息的传播。一些社交媒体平台一直在努力改进这一过程,通过扩展其"标志为不合适"选项,来识别各种潜在的令人不安的行为,如自我伤害暗示、虚假错误信息、仇恨言论等。数字平台依赖用户,在用户观察到有问题的活动时,就对其进行标记。

但数字平台运营商需要做更多的工作来支持我们的数字公民团队。作家兼企业家埃里·帕里瑟表示,我们可以对数字平台运营商提出更多期许,因为他们的盈利离不开用户的支持。在帕里萨看来,我们不仅应该问如何设计数字化工具才能保证用户的友好体验，而且应该问如何设计程序才能达到最大限度的"大众友好"。换言之，我们有责任确保数字平台永远不会以牺牲我们所依赖的社会结构为代价来为个人服务。意识到这一点，让我们看看数字平台运营商应该承担的三项主要责任。

❖ 建立明确规范

我们应该期待数字平台作为数字公民团队的首要成员，首先建立好各项标准，然后向用户传达。有些网站做得很好，那简单易懂的用户规范，是让线上社区用户都能读懂，而不是咬文嚼字只能让律师读懂。[1] 规范中包括一些明确的"注意事项"，如：

> "保持友善。我们的世界是由不同类型的人组成，每个人都有追求舒适的权利，意见不同的情况很正常。因此，在与其他成员互动时，要有礼貌，并尊重他人。"

规范中明确了一些"不能做的事"，如：

> "不要无视法律。不要做一些法律允许范围之外的事情，否则，平台会删除你的账户。"

我们期望所有的数字平台都能建立明确的行为准则，并且能被积极地应用到整个数字空间。以上我提到的平台，它们把规范贯穿到整个网络空间的做法就很好。在第 2 章中，我谈到了，在现实世界中，一些路牌和宣传标语也能起到不错的提醒作用。数字平台也应该采用类似的方法。试想一下，如果网络上不再出现新袜子的广告，而是弹出一个提示，"今天发点儿关于某个人的友善帖子吧"。或者，在视频播放前，不再是保险公司的广告，而是看到如何尊重他人视频内容的提示，那会怎么样呢？当然，这将导致平台运营商损失部分广告收入，但他们作为团队中值得信赖的成员，这是一个非常合理的期望。

社交媒体用户指南范例

❖ 验证用户身份

我们对于平台提供商的第二个期望是,他们在识别平台的用户身份时要更认真负责。大多数人会震惊地发现,我们在数字空间中接触的"人",实际上是机器人(bot),其设计目的是创造话题来提高平台收入。每天遍布数字世界的一些最具争议性的帖子都是由这些机器人发布的,它们能够连续数小时与毫无戒备的人类争论自己的数字立场。[2] 一项研究发现,在新冠肺炎疫情流行的高峰期,近一半关于讨论该病毒的发布账户是机器人。[3] 一些社交媒体平台的机器人用户数量都和人类用户差不多。[4] 脸书曾清除了 20 多亿个机器人账户,但在添加额外验证的程序之前,又会有新的账户,同样是由机器人创建的,创建速度如此之快,几乎是清除一拨机器人用户,一拨新的机器人用户又被创建出来了。[5]

除了明确地将机器人进行标记,平台运营商还应该采取更多手段来验证人类用户的身份,尤其是那些受到广泛关注的用户。网络世界之所以存在许多阴暗面,正是因为网络平台不负责任,松懈了对用户身份的核查。这并不代表平台不允许用户匿名,但此类账户应明确标注为"未经核实",以便当你的"邻居"在网上问你女儿学校的相关信息时,你能迅速识别是否应该怀疑这个"邻居"的真实性。这种验证技术已经存在，而且相当简单，银行和航空公司一直在使用这种技术。推特率先尝试了这种方法。你可能在一些人的账户旁边曾经看到过蓝色的勾号，那就是认证标识。但随后就没有了这项认证，推特声称没有足够的带宽继续运行。缺少身份验证会给欺诈、网络暴力和错误信息传播提供机会。如果数字平台希望我们相信他们是线上社区的管理者，我们关于识别并检测虚假账户的期望就应该得到回应。

❖ **改进内容监管**

数字平台的第三个职责是积极管理平台内容。首先要迅速处理煽动种族主义、暴力、恐怖活动的帖子，或有助于购买非法毒品、参与身份盗窃或贩卖人口的内容。最近，推特开始在政治领导人的欺凌或误导性推文中添加警告标签。[6]值得一提的是，唐纳德·特朗普的一条推文因为声称邮寄选票会导致广泛的选民欺诈而被贴上标签。标签为：郑重声明，没有任何证据表明邮寄选票比当面投票更容易受到选民欺诈的影响。

苹果公司也高度重视此类问题，对添加到其移动设备中的应用程序进行严格审查。与网络不同的是，苹果公司不允许应用程序传播色情内容，或者鼓励人们吸食毒品，或者鼓励未成年人饮酒或吸烟。苹果公司已经开始要求各自商店中的应用程序制订内容审核计划，以便继续使用。[7]

　　有效的内容审核还意味着给人工审核员更多授权。红迪网和维基百科这两个案例规模最大，这些平台依靠人类版主来确保他们的社区体验符合既定规范。在这两种情况下，人类不仅扮演着监管角色，还积极参与平台上内容的开发。两者都依赖志愿策展人，但我们期待平台能够补偿人类版主，因为他们在维护数字平台有效运转方面耗费了时间和精力，这个期待也是合理的。补偿可以通过多种方式实现。YouTube目前通过向内容创作者提供一定比例的广告收入来激励他们将视频上传到平台。类似的激励措施也可以用来鼓励那些帮助管理平台内容的用户。这和YouTube目前的做法有所不同，因为YouTube使用机器人进行调节和管理。正如作家兼技术专家詹姆斯·布里德尔所指出的，YouTube上由机器人创建的内容也受到机器人的监管，这意味着一个机器人正在说服其他机器人，让它们相信自己的内容应该被观看，而该平台的人类用户将为此付出代价。

　　授权用户成为版主的另一个简单方法是提供更微妙的选项，以便对彼此的内容作出反应。目前，"喜欢"或"不喜欢"是我们在共享平台上对内容作出反应的所有选项。有些平台还增加了笑脸、爱心，最近还增加了拥抱等反馈选项。但面对数字世界中流动的各种内容，这种回应方式仍然非常有限。在现实世界中，负面反馈是帮助人们学习社区空间规范的重要工具。我们在现实世界给出的大多数反馈都比我们在网上能做的要微妙得多。如果你和某人谈话时，他说他们的孩子不会接种疫苗，因为疫苗里含有一个秘密追踪微芯片，我们可能会说"我不知道"，或者说"嗯，我想你需要进一步核实"。但在数字世界里，我们只能点击"拇指向下"按钮表示我们不认同这个内容。在数字世界里，非常微妙的反应会带来巨大的意义，给朋友一个大大的"拇指向下"，就像社交场合的正面攻击。另外，如果你取消关注你的朋友，以避免尴尬发生，那就等于他们再也不会听到你的反馈，这可能会把他们的交流平台缩减到只有观点相似的人，而这更不利于建立共同的社会规范。如果不仅仅可以选择"喜欢"或"不喜欢"，还可以加上"我质疑这篇文章的出处""对人不对事，我觉得这个观点不正确，但你还是我朋友"或"这是个相当极端的观点"等这样的标签呢？

数字平台运营商关心父母们的想法，因为它们的继续存在依赖于我们的持续信任。我们应该要求数字平台建立明确的行为规范，并且构造一个干净的媒体环境。我们应该呼吁它们更好地对其平台上的非人类用户进行明确标识，并赋予平台用户更多参与内容管理的权利。发送这个信息就像与平台本身分享我们的需求一样简单（它们都有接收反馈的表格），或者直接联系监督平台的现任领导。

政府

我们数字公民团队的下一个成员是政府,它们发挥着关键作用,主要为保护公民安全,提供便民服务。政府要保护公民彼此的安全和消除外部威胁。制定交通法规减少事故发生;外交以及必要时的军事战略使我们免受外国攻击。同时,政府还提供公民无法自己获取的服务,包括交通、医疗、优质教育以及商业商品。政府的职责所在以及如何履行职责的细微差别应该成为一个持续辩论的主题,因为它需要不断调整自身,以适应公民不断变化的需求。

我们越来越依赖数字世界,它帮助我们实现良好社会和日常生计的许多关键功能。有鉴于此,我们应该期望政府也履行其在数字世界中的保护和供给职责。世界各国政府逐渐开始承担起这一责任。欧盟、巴西、日本和澳大利亚最近都进行了彻底的改革,以保护本国公民的私人信息不会在网上遭到窃取。欧盟领导人目前正在寻求制定新的法律,禁止亚马逊和苹果等公司在自己的网店上和竞争对手打价格战,以便在数字市场上保持健康的竞争态势。在英国,政府官员制定法律,以确保脸书在与规模较小的竞争对手较量时能更好地发挥作用。[8] 但迄今为止，政府的努力主要是优先改善在线商业实践，而不是为数字公民创造健康的在线环境。我们需要呼吁政府领导人履行责任，为我们创造安全的数字环境。以下是我们可以呼吁政府领导人采取行动的三个方面。

❖ 监管网络空间

在现实世界中，政府制定了严格的规范，传统媒体公司必须遵守。这意味着我们不必担心孩子在看电视时看到色情内容或听到脏话。在超级碗（Super Bowl）中场表演中，由于珍妮·杰克逊（Janet Jackson）和贾斯汀·汀布莱克（Justin Timberlake）着装不当，违反了美国通信规范法（Broadcast Enforcement Act），司法部对违反规定的媒体公司开出了罚单。美国联邦通信委员会还实施了一项名为"KidVid 规则"的指导方针，要求广播公司将制作至少 150 小时适合收看的节目作为其核心计划的一部分。允许分享非法或诽谤性信息的媒体公司可能会被追究责任。如果 CNN 的一位嘉宾发表了仇恨言论，或者《纽约时报》在其网站上发布了非法内容，即使这些内容是由嘉宾自己撰写的，那么该公司在法律上也应该承担责任。法律有理由要求这些公司删除蓄意煽动暴力或宣扬恐怖主义的仇恨言论和帖子。

但这种监督并没有很好地应用到新兴互联网媒体中。基于互联网的媒体平台，如 YouTube、网飞和脸书就不在管控范围内，尽管他们已经成为我们的主要媒体来源。这个漏洞也适用于其他在线信息共享网站。《美国法典》（US Code）第四十七条第二百三十款规定，网站对用户在其平台上分享的内容免除责任，即使这些内容是诽谤或煽动暴力。但我们可以采取措施堵住这些漏洞。例如，在 2018 年，第二百三十款作了修订，数字平台对促成性交易负有责任。为什么不让在线平台遵守与传统媒体公司相同的标准呢？这可能包括在建议播放列表中确保媒体的多元均衡，删除仇恨或暴力的媒体，在图像内容中出现明确的警告标签，同时允许家长限制向孩子展示的媒体类型。如果仅仅因为我们没有努力使法律跟上技术的发展，从而导致传统媒体公司缩手缩脚，而新媒体平台却可以避开规则逍遥法外，这实在无法让人信服。

具有讽刺意味的是，唯一旨在保护儿童的法律要求《儿童互联网保护法案》（Children's Internet Protection Act，简称 CIPA），在教科书中存在一个扭曲逻辑的例子。CIPA 把几乎所有的责任都推给了学校和图书馆，让学校去找出如何过滤淫秽图片、儿童色情和其他公然的性内容，而提供这些内容的平台则没有责任。学校不仅早已忙得分身乏术，而且大多数学校也没有足够的技术能力或规模来改变主要科技供应商的行为。其他国家也开始更加重视政府的作用。例如，瑞士、挪威、丹麦和比利时都制定了指导方针，限制针对 12 岁以下儿童的数字广告。⁹政府在现实世界严肃地扮演保护者的角色,我们同样期待它在数字世界中也认真地扮演这个角色,在所有的媒体平台上建立和执行一致的标准。

❖ 确保公平获取数字资源

政府需要支持家长确保数字健康的第二个关键领域是确保公平获取数字资源。如果你被排除在数字世界之外,你数字公民的身份就会失效。近一个世纪以来,我们一直认为获得水、电和手机通信等对健康的生活至关重要,而不是可有可无的奢侈品。因此,我们已将确保所有公民有机会使用这些基本公用事业作为优先事项。如果仅仅依靠自然市场力量,基本公用事业的供应将是非常不公平的。

以电力为例,我家在弗吉尼亚郊区,附近的用电成本相对较低。但对于住在爱达荷州农场或阿拉斯加州原住民聚居地的人们来说,每户家庭的用电成本显然很高。如果没有政府的参与,这个国家的许多地方可能就永远跟电力无缘。作为大萧条时期复苏计划的一部分,美国设定了一个雄心勃勃的目标,以确保电力成为所有公民都可以使用的基本公用事业,无论他们生活在人口密集的社区还是偏远的社区。政府可以通过多种方式做到这一点,包括:

- 给公用事业供给商划拨一些政府管辖的公共区域，如街道地面之下、电线杆之上的空间等，让他们建设基础设施，作为向偏远地区提供服务的交换；
- 提供拨款，作为将公用事业带到偏远地区的资本支出；
- 在供给商看不到经济利润的领域，政府自己变身为公用事业供给商。

此外，政府可以建立各种支持服务，如帮助困难家庭支付每月的公用事业费用。低收入家庭能源援助计划（Low Income Home Energy Assistance Program，简称 LIHEAP）等项目帮助家庭支付能源费用，以确保冬天有供暖、夏天有制冷。许多州都有自己的能源援助计划来补充 LIHEAP。

网络服务在很久以前就已经被纳入公共事业范围。随着教育、银行、医疗、投票等重要服务转移到网上，如果不接触数字世界，就几乎不可能成为社会的一员。在美国，5 500 万人家里没有计算机，数千万家庭没有足够的计算机供多个家庭成员同时使用。在这些没有设备或设备欠佳的家庭中，个人往往无法获得教育、远程医疗和就业机会。拥有一台功能齐全、能联网的计算机并能有效地使用它是当今社会的基本需求。如果不上网，即使是申请沃尔玛（Walmart）的入门级工作也不可能。在新冠肺炎疫情期间，由于学校转向在线学习,缺乏互联网接入也意味着无法获得公共教育。

2016 年,联合国通过了一项决议,宣布上网是一项基本人权。[10] 瑞士、芬兰、西班牙和英国已经为其国民提供了全面的互联网服务。乌拉圭为每个进入公立学校的学生提供计算机和网络连接。在将数字世界的接入视为一种公共设施方面,美国落后于其他发达国家。幸运的是,确保每个人都能用上电和水的策略同样适用于互联网的接入,因此,如果我们愿意让民选领导人把它作为优先考虑的事项,这是一条很好的路径。

❖ **保护数字隐私**

最后,政府有责任保护我们的数字隐私。在美国,《健康保险便携性和责任法案》(Health Insurance Portability and Accountability Act,简称 HIPAA)对数字健康记录的使用和发布设定了界限,并要求美国卫生与公共服务部提供访问控制和审计日志,以保护信息。它会追究违规者的责任,如果他们侵犯了病人的隐私权,将会受到严厉的惩罚。除了医疗记录,在美国的数字世界的其他领域,并没有真正的指导原则来维护数字公民的隐私。

不过,其他国家已经开始采取行动。2018 年,欧盟实施了《数据隐私保护法案》(General Data Protection Regulation,

简称GDPR），其主要目标是让公民能够保护自己的个人数据。该规定适用于任何持有欧盟居民数据的公司，无论该公司位于何处。事实证明，欧盟并不是在瞎折腾。对不合规行为的处罚高达公司年度全球营业额的4%——这个惩罚可不是开玩笑的。巴西、澳大利亚和日本也纷纷效仿，制定了类似的数据隐私法规。

在数字世界里，公民参与已经成了维护数字世界正常运转的必要条件，因此我们需要制定法律，确保我们在网上的基本隐私。我们需要一个监管环境来保护我们的数据在未经我们同意的情况下不被使用和出售，并且需要一个适当的竞争途径。在《更美好的数字社会蓝图》（*Blueprint for a Better Digital Society*）中，杰伦·拉尼尔（Jaron Lanier）和格伦·韦尔（E. Glen Weyl）提出了数据尊严的概念，即政府将保护我们拥有数据的永久权利。[11]这意味着，当我们的数据被出售给数字广告商时，随着数据的使用，我们获得版税。拉尼尔和韦尔估计，一个四口之家每年可以从个人数据版税中获得高达2万美元的收入。这种方法不仅会增加所使用的数据的透明度，还能提高用户的经济利益。

要为我们的孩子创造健康的数字环境，政府就得成为一名有效的团队成员，政府领导人需要从被动转向主动。公民的声音不容忽视。如果我们想让数字福祉成为官员们优先考虑的事项，我们自己首先就要重视起来。我们应该积极呼吁当选领导人履行他们在数字世界中保护者和供应商的责任。

学校

我们在培养合格的数字公民时，学校是最重要的合作伙伴。孩子们上学期间，老师们一直在给孩子提供指导，让他们拥有深厚的专业知识，从而强化了我们在家里传授的理念，这让孩子们获益匪浅。作为我们数字公民团队的一员，各级学校在培养下一代高效的数字公民方面，以及在培养我们数字平台的未来设计者和建造者方面都发挥着重要作用。

❖ **在学校开展数字公民教育**

我们期望学校与家长紧密合作，以支持维护数字健康。到目前为止，这本书中提出的许多观点同样适用于教师和其他青年领袖，但我将在这里补充一些针对学校的注意事项。首先，在学校培养数字公民并不是要创建一类新型班级，而是要创造一种新文化。有效的数字公民的五个属性需要由教师和学校领导人示范构建，并嵌入所有学科的活动。洛杉矶联合学区（Los Angeles Unified School District）使用这本书中的五个属性作为共同的框架和语言，帮助它的35 000名教师与学生展开新的对话。特别是创建知情的、积极参与的数字学习者的要素与学校的责任特别一致。每一所学校都应该有一个计划，关于如何使用技术来实现和支持其核心学习目标。学校应该想出一些方法来突出和识别那些表现出数字公民特质的学生。

家长可以发挥关键作用，帮助学校履行这方面的责任。家长可以采取的一个简单而有益的行动是询问学校领导，他们是如何培养数字公民的。如果没有计划，或者当前的方法过于关注网络安全，而忽略了数字公民的其他元素，那么家长可以与学校负责人或家校委员会合作，提出一些改变建议。要求查看学校有关学生使用电子设备时可接受行为的规定。如果规定中一些条例存在不合理的地方，或者只包括哪些事情不可以做，那么家长有权要求和学校合作，对学校提建议并做出相应改变。

培养有效的数字公民也是高等教育机构的责任。两年前，华盛顿大学教授卡尔·博格斯特伦（Carl Bergstrom）和杰文·韦斯特（Jevin West）担心，他们的学校在让学生认识或应对数字错误信息方面做得不够。他们开始开设一门名为"大数据时代的胡说八道"（Calling Bullshit in the Age of Big Data）的课程，专注于发现和处理虚假数字信息。[12] 这门课探讨了常见的错误信息陷阱，包括误导性广告、数据可视化和统计技巧，并提供了一些策略，如何彬彬有礼地回应有意或无意地传播虚假信息的人。博格斯特伦和韦斯特相信，为了我们未来社会的安全，正确辨识和处理虚假信息是任何学生在大学都需要学习的最重要的技能之一。

不幸的是，在明确培养数字公民的原则方面，只有华盛顿大学拥有远见卓识。康奈尔大学设计了爬树课，阿巴拉契亚州立大学有研究哈利·波特是否真实的课程，许多大学还有各种各样的课程，但是唯独没有培养合格数字公民的课程。我们似乎有理由期望更多的大学也能为学生提供帮助我们成为健康数字公民的课程。如果担心学生对这个话题不感兴趣，那么我可以告诉你，华盛顿大学第一个学期开设此类课程，刚开放选课不到一分钟，160 个席位全被抢光。[13]

❖ **培养未来的设计师**

我们的教育合作伙伴有着不那么明显但同样重要的责任，那就是培养未来的设计师和工程师。他们将构建我们数字世界的平台。如果我们真的想让数字世界围绕着支持人性和民主而设计，我们需要一代设计师和开发人员，他们对于自己正在创造的东西有着不同的想法。

近年来，我一直担任全球设计公司 IDEO 的设计总监。你可能从来没有听说过 IDEO，但是他们为各类产品设计品牌，数量之多,很可能这些产品早已填满你的房子。不管是苹果鼠标,还是橡胶牙刷,IDEO 公司的产品无处不在。IDEO 之所以成功,是因为他们的设计理念是,在设计产品和服务时,首先要着迷地满足人们的需求。它的核心设计原则是与用户共情。在牙刷的例子中,设计者观察到,当人们使用光滑、扁平的牙刷把手时,手上湿漉漉的,牙刷经常会滑落或掉在地上,每个人都讨厌使用掉在地上或水槽里的牙刷。所以 IDEO 就是围绕这个问题进行刷柄的设计。如果牙刷有橡胶牙刷柄,那么人类的手就更容易握住牙刷柄。现在,几乎每个牙刷都有一把橡胶刷柄。为人们的需求而设计的过程被称为以人为中心的设计。今天的数字平台设计优先考虑商业收益,而不是使用它们的人和社区的需求。在培训未来的设计师时,我们可以借鉴 IDEO 的书。我们需要各级学校培养这样的开发人员和工程师,他们知道如何以人类或者说是以人性为中心。这意味着要教授学生种种策略,理解我们构建的数字世界,其特征有什么社会影响。对于各级学校来说,这意味着重新思考我们的编码、商业和工程教学方法。传统上,商业和科技专业与人文专业区分开来。一个典型的人文学科的毕业生很可能永远不会参加一个化学课程,反之亦然。我曾经和一群人文学科的专业学生谈到学习计算机代码语言的重要性,以便成为这些重要对话的一部分,但问题是,要让人文学科的专业学生相信学习一门新语言的重要性是很困难的。

我们开始在一些大学看到让学生意识到学习数字语言重要性的努力。斯坦福大学设计学院开设令学生关注人性需求去设计生活空间的课程。位于纽约市的新学院（New School）最近开设了一门新的辅修课程，名为"作为自由艺术的代码"（Code as a Liberal Art）。这门课不是把计算机科学作为职业准备的工具，而是用于创造性表达、文化批评和"公民意识，以便逐步理解一个计算机化的社会"。[14] 杨百翰大学正在尝试一种叫作"人文学科+"的课程设计，鼓励所有的人文学科专业学生在毕业前获得科技或商业领域的经验，反之亦然。未来，如果想培养一代以人类为中心的数字世界技术领导人，那么我们要想明确区分人文学科、商贸学科、科技项目，怕是会越来越困难。詹姆斯·布里德尔明智指出，让我们的网络世界更加人性化，不能只关注技术的进步，而是需要通过改变生产这些技术的社会。大学必须认识到，他们不仅在培养软件工程师，而是在培养我们的数字政府、数字社区空间和在线教育机构的设计者。

作为父母，我们应该与各级学校还有教育者合作，强调培养孩子成为健康数字公民的紧迫性。我们应该与教育者们积极合作，重点关注这个问题。我们应该鼓励我们的孩子抓住机会，去理解模糊科技与人文学科之间的界限，或者至少帮助我们的孩子通过学习一些非传统的混合课程来为自己创造这样的项目。我们需要一代懂得构建工具重要性的设计师。这些工具以一种支持和赋予人类力量的方式来运行我们的数字世界。

"缺失的"团队成员

除了我们已经提到的数字公民团队成员,我们还需要认识到一些目前还不属于我们团队的成员,但是他们应该成为我们团队的一部分。这些成员可以做出独特的贡献,但目前他们还没有深入参与,这是因为我们还没有提醒他们优先关注培养数字公民。

❖ 研究人员

更多能帮助我们提升培养效率的研究有待推进,研究的进步有助于帮助孩子在数字世界中做好充分准备迎接挑战,而后茁壮成长。桑德拉·科特西(Sandra Cortesi)是哈佛大学伯克曼克莱因互联网与社会研究所(Berkman Klein Center for Internet & Society)的研究员,同时也是青年与媒体部门的主管。她专注于研究数字公民问题,比如哪些素质很重要,学校正在教授哪些技能,以及还需要在哪些领域开展更多研究，以了解年轻人如何在数字世界中取得成功。但是，科特西的研究重点在某种程度上是我们国家研究议程上的异类。美国教育部每年为教育研究提供大约 2 亿美元的资金，然而却没有专门致力于研究或支持培养合格的数字公民。同样，600 亿美元的联邦国防研发预算中，没有一项用于数字公民身上，尽管我们国家目前面临的最大安全风险就是我们无法在数字世界维持一个正常的公民社会。[15] 如果我们认真对待孩子们在数字空间的健康问题，我们也一定愿意优先考虑相关的国家研究议程。

❖ 图书管理员

我们有擅长教授音乐、艺术、数学、运动的老师，这些都是孩子们需要的，当然还有其他学科的老师，但教授数字技术的老师很少。莉萨·格恩齐（Lisa Guernsey）是一名作家，也是一名研究读写能力在数字世界中如何演变的专家。她说，所有的孩子都需要媒体导师，那得是一个不带偏见、懂技术的人，他们能帮助理解孩子的兴趣，指引他们接触适当的媒体和网上经历。图书馆员是唯一适合扮演这一角色的人。在很大程度上，这和图书馆员多年来为孩子们配对合适的书籍，为他们探索的思想提供有意义的背景知识是一样的。

随着图书纸质化逐渐过渡为数字化，在每个社区图书馆拥有大量的纸质图书已经不那么必要了。即使你更喜欢阅读纸质书籍，在数字应用程序的帮助下存储和分发纸质书籍的方式也远比把它们排列在实体建筑的书架上有效得多。我们需要未来的图书馆发挥比图书存储和互联网接入点更重要的社会功能。想象一下，如果图书馆为了满足社区需求而重新设计，改成数字化学习中心后，会是什么样子？罗得岛州普罗维登斯公共图书馆的工作人员已经开始将教授数字公民技能融入他们的日常实践中。图书馆提供了一个数据导航者2.0项目，教给高中生和社区成员数据分析和数据可视化的基本原则，这样他们就可以成为信息灵通的数字公民。一个青少年小组方案通过与各种当地社区组织合作，利用技术指导小孩解决重要问题，以此建立这些技能。本书中所讨论的培养数字公民的原则已融入该图书馆的设计之中。团队成员合作的一个典型例子是，图书馆项目是与罗得岛州教育部合作提供的，这样参与的学生可以因为他们所学的东西获得学分。换言之，这是作为战略工作场所发展计划的一部分，参与者可以获得报酬。学生发展了这些关键技能，就会获得微型证书，或者数字徽章。这些证书证明他们有资格获得未来的就业和高等教育机会。[16]

　　图书馆员可以成为我们社区加强数字公民技能所需的老师，尤其在寻找和评估最佳数字内容时。与其指望图书管理员来分发图书或者提供互联网接入的空间，我们或许更应该把图书管理员看作我们的专家级社区向导，帮助我们在复杂的数字世界中寻找正确方向。

❖ 公共媒体平台

最后我们应该考虑的团队成员是公共媒体平台。为了理解它们的重要性，让我们花点时间来回顾一下电视媒体的发展史。在 20 世纪 50 年代和 60 年代，对于儿童来说，高质量的电视内容选择非常有限。人们意识到，作为一个社会，我们应该利用电视来实现更有抱负的目标。为了解决商业电视未能为美国儿童提供高质量媒体的问题，国会通过了《公共广播法案》（Public Broadcasting Act），创建了美国公共电视网（Public Broadcasting Service，简称 PBS）、美国国家公共电台（National Public Radio，简称 NPR）、罗杰斯先生的邻居（*Mr. Roger's Neighborhood*）和芝麻街（*Sesame Street*）——所有这些都是建立在公共利益价值观上的，即我们希望孩子们学习什么。实际上，PBS 儿童节目的每一分钟都基于教育研究成果，符合年龄标准审查内容要求，并与学习效果保持一致。此外，政府允许这些非营利性实体处理一些重要的敏感的问题，而这些问题往往是营利性公司避免触碰的，比如贫困、种族主义和刻板印象等。

几十年来，公共媒体机构在我们的社会中发挥了主要作用，不仅确保提供高质量的儿童节目，而且还为成人制作新闻和教育内容。但在今天的数字世界中，我们已经摆脱了这样一种模式，即数量有限的机构生产媒体作品供我们消费。现在，绝大多数新闻和其他媒体都是由个人制作，并在社交媒体平台上分享。但到目前为止，还没有任何重要的公共平台来容纳这些数字媒体社区。

我们需要公共媒体不断发展，在我们的数字世界中扮演它多年来在媒体世界中扮演的角色。我们需要对公众免费开放数字社区，唯一的目的是让公众支持我们的数字媒体共享社区。通过消除对广告收入的依赖，这些社区公共媒体空间的设计和体验可能会有所不同。我们个人数据的使用方式可能也会有所不同。最重要的是，一个公共平台将为我们提供一个非商业性质的社交聚会场所，这实际上可能是一个强制功能，用以改善商业社区平台提供的体验。我们可以很容易地通过有针对性地对在线广告征税来资助所有付出的努力。如果不增加数字公共社区，未来我们将完全依赖商业实体提供数字社区。

创建良好数字空间需要多方共同努力。在帮助孩子成为健康的数字公民这一方面，家庭仍然处于中心地位，但不应该指望家庭独自承担这个责任。我们应该不断识别团队中潜在的、目前尚未发挥积极作用的其他成员，并与社交平台运营商、政府和教育机构合作，为我们的孩子创造一个积极的、有效的环境。这意味着要帮助这些机构理解我们的期望,他们在哪些方面做得不够,以及他们可以采取哪些不同的做法。如果每一个读过这本书的人都去接触至少一个数字平台供应商、学校或选举出来的领导人,推动他们成为数字公民团队中更积极参与的一员,围绕着让我们的孩子成为健康安全的数字公民这一共同目标,我们将不断推进,带来更有意义的变革和更深层次的合作。

下一步行动

行动条目

- 联系你们所选出的领导人,让他们知道自己有必要采取行动来确保我们的在线数据得到充分保护。
- 在共享媒体网站上发帖出现问题时,请使用反馈工具,以便平台运营商能采取行动。
- 使用反馈渠道来要求平台运营商对用户身份进行验证,并公开透明哪些用户已通过验证。
- 通过反馈渠道来要求平台运营商在其网站上更清晰地建立并执行适当的行为规范要求。
- 鼓励年龄稍大的孩子成为在线空间的版主并获取相关经验,这些空间包括维基百科、红迪网等在线论坛。

- 询问学校领导和图书管理员，了解他们在教授在线安全内容之余，如何向学生教授数字公民素养的相关内容。

对话开场白（针对其他团队成员）

平台提供商：

- 您还能做些什么来验证自身平台上用户的身份？
- 您如何建立并执行行为规范要求？

政府领导人：

- 您计划制定哪些政策来保护我们的数据，确保这些数据在未经我们允许的情况下不被滥用？
- 关于数字公民素养的教育问题，您将通过哪些方式将资金优先投入该领域的研究和实施中？
- 我们如何确保互联网在民众中的广泛普及？

学校领导：

- 您如何教授学生数字公民素养的相关内容？
- 您在教授编程和其他数字技能方面有哪些计划？

09

我们的数字未来

希腊哲学家赫拉克利特（Heraclitus）曾经说过："变化是生活中唯一不变的东西。"很难想象还有哪个领域比父母教育和科技领域更能印证这一点。诚然，我们很难去讨论技术和父母教育的共通之处，因为这个主题本身就是一个变化多端的对象。维基媒体基金会（Wikimedia Foundation）的首席产品官托比·内格林（Toby Negrin）说："互联网充其量只是处于其初步成长时期。"因此，在本书的末尾，让我们简短地展望一下我们数字世界的未来。

未解之题和演变中的问题

在未来 10 年里，我们必定会目睹一些有趣的技术变化。因为语音识别技术的不断进步，键盘很可能会被淘汰，并更擅长学习如何同设备对话。数字世界和现实世界之间的界限依旧模糊不清。可穿戴显示设备将在我们的身体上方的周围分层显示数字信息；而手持设备将掌握我们的信息，包括我们的行踪，并相应地提供不同的体验。许多比我们聪明得多的人已经耗费多时去预测未来科技的样子。

我认为，在我们对未来的思考中，最重要的因素不是新的数字设备，而是我们的数字社会将以何种方式继续发展。

我不做具体的预测，相反，我会通过共同探讨一些棘手的问题来构建我们的展望。未来，我们的孩子长大，领导这个数字世界的发展的时候，他们便要准备好回答这些问题。当然，还有许多潜在的问题，但下面这四个问题强调了一个紧迫之处，那就是我们需要为孩子培养一种基础技能，一种他们作为数字公民应该掌握的技能。

❖ 谁有权获取我们的数据？

随着我们在数字空间内的生活逐渐频繁，可交互操作的数据系统也变得越来越多，我们的数字足迹可以轻易对我们是谁，以及我们在生活中每时每刻的动作进行完整的刻画。数字平台运营商和政府都将能够获得越来越详细的内容，这些数据记录了我们所有的行为。其实，持有详细内容和可交互操作的数字足迹是有益的。首先，它可能会让我们的世界变得更为安全。数据追踪可以帮助识别那些利用数字工具进行欺诈和有其他恶意行径的人，并在我们的家庭成员受到伤害之前向我们发出风险警告。面部识别技术已经强大到足以识别街上人群中的特定个人。如果家庭成员失踪或处于危险之中，它便是帮助我们找到他们的及时雨。面部识别已经投入机场，被广泛使用，以防止罪犯非法入境，并加快移民者队伍的前进速度。现在，中国很多城市都在部署类似的技术以减少犯罪。[1]

政府或私营企业获取我们生活数字数据的行为也存在相对严重的风险。首先，数字算法也会犯错。2020年，底特律的一个面部识别算法将罗伯特·朱利安-伯查克·威廉姆斯（Robert Julian-Borchak Williams）错误地识别了出来，以盗窃罪将其逮捕。[2] 威廉姆斯是黑人的身份很敏感，这一情况也引发了人们新的疑问，即究竟是算法出现错误，还是证明了算法本身在设计中就含有种族偏见。

其次，我们数据足迹中的信息价值远超我们的想象。对于那些可能利用数字世界进行诈骗或伤害他人的人，我们的数据足迹的确有利可图，但我们的数字足迹应该保留多久？是否存在一个时间截点，到那时，那些曾经犯过错误的人都可以得到原谅？如果你的孩子初中时因在网络上发了一个不恰当的帖子而被标记，在未来申请大学或工作时，这是否应该计入他的考核分数里？我们能否拥有对自己的部分数字足迹进行编辑或删除的权利？我们是否拥有自己的数据，还是说只有收集数据的实体企业才拥有这些数据产权？我们需要采取什么保护措施，以此确保我们的政治信仰不会为数据所操纵，又或是确保我们所恐惧的事物和弱点不会被他人利用以获取商业利益？中国将公民的数字数据流作为社会信用体系的一部分，因此而受到了众多媒体的关注。在这个体系中，守法的公民会得到褒奖，而那些行为不端的人则会失去相应的权利。当其他国家都在关注这个例子时，我们如何在保护自身数据安全与创建未经授权的大规模监控之间找到一条平衡点？随着数字世界的发展，我们必须提出的最重要问题之一，便是要决定谁有权访问我们的数据及其访问目的是什么。

❖ 面对越发难寻的真相，我们该怎么办？

我们的孩子即将面临的第二个问题，同时也是我们面临的棘手问题，即当我们现有核验真相的方法无法跟上时代的进步时，我们该如何应对。正如在第 4 章我们讨论到，当今的数字世界充斥着病毒式传播的错误信息。但就目前而言，原因不在于真相难以核实，而是在于我们并未努力对核查真相提起重视。如果在未来的数字世界中使用当前的技术，那些受到操纵且无法核实的信息会如何变化？众所周知，Deepfake 软件，一款 AI 换脸工具，是一款数字媒体工具，它制作出来的产品非常完美，几乎可以以假乱真。这些视频可能是一个国家领导人向另一个国家宣战威胁的视频，或是一位医生在新闻稿中宣扬错误的流行病应对方案，由此或将导致病情大肆蔓延，又或者一位金融界的领军人物做出了破坏全球市场稳定性的虚假报告。

我们发现，这种情况已然发生。近日，一家英国能源公司的负责人应公司首席执行官的"要求",将数十万美元转入一个银行账户内。通过使用 Deepfake 的技术伪造出的声音,欺诈者的声音听起来与实际 CEO 的声音别无二致。[3] 当伪造的音频和视频与真实事物无法区分时,我们应该相信谁?我们将如何避免政治紧张局势升级?甚至在 Deepfake 软件之前,误读社交媒体已经接近引发战争。在确认朋友或家人的来电合法之前,我们需要哪些技术来验证他们身份的真实性?我们是否应将加密技术添加到视频或音频文件中,以检测它们何时会遭到利用?针对关键的国家信息,我们是否应采用指定的安全平台,而不是使用商业社交媒体平台来发布官方资讯呢?

❖ 我们应该如何为自己的数字空间付费?

本书已经在多处讨论了我们的数字共享空间是基于广告的潜在商业模式,而这样的商业模式也为我们带来了挑战。广告浏览量以目前的速度逐步增长,我们的共享社群也在不断优化,但这最后可能会导致社会运行中至关重要的第三方遭到破坏。科技哲学家、虚拟现实之父——杰伦·拉尼尔在其极具影响力的 TED 演讲中指出,如果两个人渴望交流,但只有通过想操控他人的第三方出资才能实现这种交流,那么我们所拥有的这个社会是无法正常运转的社会。[4] 在网站上投放广告的公司背后，其实是为博取眼球和点击量的经纪公司。购买广告空间的实体可以决定其广告的内容。同时，这些实体会从财务方面对内容进行优化，以获得最有效的结果，即点击量。那么，针对互联网支付，我们是否需要一种与其他支付截然不同的支付方式呢？

网络货币化专家史蒂芬·托马斯（Stefan Thomas）认为，每天只需 15 美分，我们就可以去除互联网在线广告。托马斯认为，通过使用浏览器扩展程序来跟踪我们访问的页面，他的系统就可以根据我们的访问记录，从我们的数字钱包中转出一小笔钱支付给那些广告内容创建者，这一小笔钱可能只是几美分。根据托马斯的说法，这些钱相当于当今大部分网站的广告收入所得。如果我们希望获得更好的网络体验，也愿意支付每月低于 5 美元的费用，那么同样的技术也支持我们参与特定的活动来赚取积分，在浏览网站时，便可使用积分去除其中的广告。这些活动包括在数字社区中审核内容，或评论我们的产品等。这种方法甚至允许网站的创建者开发其网站的多个版本——对于那些选择将额外积分提供给网站创建者的人来说，这不仅是一种基础体验，甚至可以说是升级体验。

我们还应该考虑，针对那些用作社群空间的网站，还可以通过哪些商业模式对这些网站发起支付？对于公有和商业数字平台的数量，我们是否能在两者之间找到适当的平衡？

如果有的数字体验能够优先确保公民的话语权,那么我们是否愿意为这类数字体验付费?采用何种方式激励公司将保护人性作为设计要素的核心?

❖ 生为人类,价值何在?

在孩子们的数字未来里,也许他们需要解决的最重要的问题是:"人类在数字世界中有什么价值?"与前三个问题相比,这个问题可能听起来很深奥,但我想表达的意思就是字面意思。考虑到数十万年来,人类基本上垄断了每一种复杂的能力——说话、推理、解疑、工程、研究。我们从来不会质疑人类能力的价值,因为从来不存在任何物种能与人类竞争。然而,在人工智能的世界里,我们独特的垄断不再存在。相较于人类,人工智能已经可以担任更优秀的安全驾驶员、服务员、分析家、销售员等。

最近,一家公司推出了一系列人造人,这些人造人可用于执行各种复杂任务。这些人工智能设计成仿真人的外貌,并能像真人一样互动,但它们只存在于数字世界中。每个虚拟人都有特定的技能组合;他们进行学习、不断适应,并记忆所学。试想,你在视频会议上看到某位建筑师或会计师,他们的外貌和说话方式与你在其他视频通话中遇到的任何一个人类毫无二致,只是他们不是人类。无论我们的孩子从事的职业领域是音乐或工程、会计或平面设计，他们的工作团队都将包含非人类的组员。因此，在这个新世界里，提出人类能带来什么价值的疑问是完全合理的。是否存在什么人类独有的技能呢？同理心、幽默感、创造力和爱等，这些属性是我们独特的附加值吗？如果是这样，那么这种意识将如何推动我们更加努力地学习那些人类的专属技能，以便将自己与人工智能同行区分开来呢？是否存在只有人类才可以做出的特定决策或特定行为呢？

随着我们的数字世界不断发展，这四个问题也并非我们唯一需要提出的疑惑。可在未来，我们的孩子在帮助我们的社会塑造数字民主之时，这些问题便代表了他们需要着手解决的那个类型的问题。

同样的原则依旧适用

不止一个人认为，未来的网络世界存在势不可挡的挑战。虽然还没有提出明确的解决方案，但我有勇气提出这些问题。我谈及这些问题只是为了说明，不论是数字社会还是现实社会，要使它们正常运转还需要解决诸多挑战。如果下一代准备好了应对这些挑战，那么现在培育数字公民的基本素养迫在眉睫。要想回答这些问题还有其他棘手的问题，需要一些基本技能，而这些基本技能与我们在本书中一直在探索的技能完全相同。把握数字平衡、拥有数字明鉴、保持数字包容、参与数字生活和警惕数字危机的原则，不仅可以让我们的孩子拥有当下的快乐和健康，还可以创造社会预备力量以应对未来几年的挑战。

- 用心教育我们的孩子，让他们成为能够把握平衡的数字公民，也让他们对这个概念谙熟于心：要不断检查和监控孩子的数字行为习惯。无论是现在还是将来，一旦他们的生活被某些数字活动所主宰，那么他们要学会习惯性地提高警惕，他们要能自主地做出必要的调整。
- 认真教育我们的孩子，让他们成为明智明鉴的数字公民。面对所接收到的数字信息，他们应该保持怀疑态度，不可全盘接受。他们不仅拥有验证的能力，还拥有比简单的网络搜索更为深入的答案搜查能力。明智的数字公民将会提出新的解决方案以发现诸如Deepfake 的产品，也能够验证数字内容。
- 耐心教育我们的孩子，让他们成为平和包容的数字公民。他们将化为一股力量，甄别那些编入数字世界的偏见和歧视。他们将会认识到不同观点存在的必要性，以帮助他们学习和成长。
- 积极教育我们的孩子，让他们成为积极参与的数字公民。随着年龄的增长，他们会逐渐明白可以利用自己的设备来解决问题。虽然技术的发展让我们不得不面对一系列复杂的问题，但它也为我们提供了应对挑战的新方法。积极参与的数字公民不是仅仅被动地去接受周围的世界，而是将数字世界视为一个不断发展的空间，并对这个世界进行建设和完善。
- 以身作则教育我们的孩子，让他们成为时刻保持警觉的数字公民。他们将意识到个人信息不仅拥有商业价值，还拥有社会价值，因此会给予这些信息应有的保护。期待他们能使用未来的数字工具管控共享数据，并决定数据共享对象。怀有警惕性的数字公民将呼吁技术开发人员采取更多措施，以确保我们共享数字空间的安全。同时，这些孩子还将创造新的工具以保护自己的数据信息。

通过塑造数字公民的五个属性，孩子们现在即可踏上成功之路，同时锻炼他们的基本技能，为领导和塑造我们的数字未来做好铺垫。

最后的想法

在最后,我还有三点想法,我将以这几个话题来结束我们在培育数字公民的角色及责任上的探索。

❖ 放心按下重置按钮吧

阅读本书后,你可能会觉得当初不应选择家中现有的这种数字习惯或模式。但请不要因此而气馁。在这个数字信息无处不在的世界里,我们是这个环境里抚养孩子的第一代家长,同时也是他们的教师和引导员。无论身处何处,我们都必须开始重新调整并不断完善我们保护数字健康的工作,无论孩子年纪多大,无论他们形成了什么模式或习惯,这样的工作永远都不晚。

你不必一次性解决所有问题。在本书每个章节末尾所提出的建议中,可以找到100多个切实的主意供你参考。根据你自身的情况,可以从每一章中选择一个与你的情况相符的建议。如果本书中的某些观点不符合你的家庭目标或类型,请放心,你只需选择与你的情况最为相近的部分,并从这些部分着手即可。这对你来说可能十分简单,就像决定晚上把手机留在卧室外,或者关闭视频的自动播放一样简单。由此,你们便可能逐渐开始养成习惯,会给孩子推荐符合他们兴趣的应用程序,或者做一些全家总动员的挑战活动,在网络上传播正能量等。

在家庭中培育数字公民并非创建学习清单,而是要创建一种文化。哈佛商学院教授克莱顿·克里斯坦森(Clayton Christensen)著有一部极具影响力的作品——《你要如何衡量你的人生》(*How Will You Measure Your Life?*),我们可以从中汲取灵感。他与合著者关注的重点在于,一个家庭要确定构成其独特的文化和价值观的要素。这些要素包括家庭是否重视家庭中的辛勤劳动?家庭是否欣赏为社区贡献自身服务的行为?我们觉得有趣的事情是什么?有什么是不能笑话的?我们可以公开谈论什么话题,而哪些话题又应该是私密的?克里斯坦森等人建议,作为父母,最重要的工作之一便是要明确一点:他们需要决定何为家庭文化的一部分,并对家庭活动进行调整以强化这种文化。在不同的家庭文化中,至关重要的一点便是要促使家庭成员共同展望未来的数字存在方式。一个家庭还应该明确这一点,他们应该建立一种能够利用科技创造幸福的文化,而不是将数字公民技能随意传授给下一代。

❖ 家长拥有权利

我经常听到家长们抱怨，面对设备或社交媒体对家庭产生的负面影响，每当他们想要控制这些设备和媒体的使用方式时便会感到无能为力。在这种情况下，父母的权利比他们想象的要大得多。特别是对于年幼的孩子，父母有权对他们使用的应用程序进行批准，并能决定是否为孩子提供数字设备。正如我们在本书中所讨论的，在这些时刻里都可以对孩子进行教育以提高他们对于平衡的把握，也可以强化其警觉性，并培养其积极参与性。同时，也不要低估自己的榜样力量，你的有效言行能为孩子树立榜样。当你使用设备的时候，孩子也会注意到你的使用方式。你要公开大方地处理这件事，你可以说："我要关掉手机，因为该吃饭了。""我要用手机软件向市政反映，路上的洼坑需要填补啦！"等。如果你选择偷偷使用设备，这种行为也会给他们留下印象。

我时常发现，有许多家长，他们会忘记自己还拥有家庭用的互联网和数据服务所有权。有时，刚成年的孩子会购买自己的设备，但如果说一个 13 岁的孩子在家里安装自己的互联网服务的话，这样的案例是我闻所未闻的。数据通路里的内容是由你来控制的。如果你对某些数据内容感到不满意，不希望它在家里流通，只要每月多花一点钱，就可以在

Wi-Fi 网络和蜂窝数据计划里安装网络过滤器，这样就可以对内容进行控制了。虽然我们不应该依赖单一的技术保护，但同时，我们也不该丢弃为人父母最为简单和重要的其中一项责任。

最后请记住，父母的发声非常重要。如果在数字媒体平台上有你不喜欢的体验，或者有一些服务，你希望它是存在的，但其实它仍处于缺失状态的话，请说出来。只需在任意一款在线服务平台或软件上快速搜索相应的反馈方案，你应该能快速找到所需的表单或电子邮件地址。反馈的数量很重要，因此，提供类似反馈的家长和教育工作者越多，更改功能的可能性就越大。同时，一定要善于利用现有工具来标记在网上遇到的任何问题。父母的发声对政策制定者也非常重要。如果担心广告数量的监管不到位，由此造成孩子浏览了过多的广告，或是定向广告侵占了孩子的数据，那么就向民意代表说出你的观点。如果你觉得，加大学校的教育力度在传播数字公民这一概念上能够起到举足轻重的作用，那么也请与学校领导或学校董事会成员分享这一点想法。

父母并非无能为力。通过言行的影响我们便会发现，在把控孩子的数字体验这件事情上，我们的能力远比自己想象的要大。

❖ 在原则范围内使用技术

为了保证数字福祉，创造一个更为光明的数字世界，我们需要有坚实的原则基础，这种原则要求我们要基于自身需求使用技术，这个共同的主题将数字公民们所有的想法和策略联系在了一起。

我们希望孩子们可以明白如何将自己的数字选择掌握在手中。现实世界应该设立相应的机构和策略来主导他们的数字体验。如果孩子们能掌握数字平衡，那么他们就可以控制自己的行为，不会让某个应用程序或游戏占据他们的生活，从而忽视其他重要活动。他们在短时间内就能识别出那些带有"陷阱"的程序服务，这些程序会惩罚用户，禁止他们继续游戏，侵犯用户的权益。

如果我们的孩子按照自己的方式处理数字世界，他们就会保持清醒。机器人或广告驱动的媒体是无法人为地左右他们的思想和观点的。这些媒体更关心是否能够获得点击量，而不是为用户提供有用的学习经验。如果孩子们保持警惕，他们便可以让自己免受操控，也不会被迫从事他们不想参与的活动。应用程序和虚拟平台可能旨在限制他们的代理人或机构，但如果数字公民们能够按照自身原则使用技术，他们便能够看穿这些陷阱，并对设置进行调整，或将网络活动分散在完全不同的地方，以便保持对这些平台的控制。

等到孩子们学会以自己的方式参与数字世界时，他们会明白自己家庭的数字文化标准是毫无商量余地的。随着时间的推移，他们会变得越发独立和负责；他们做出的决定并非来自父母的强迫，而是因为他们明白网络中塑造正面行为背后的价值，并且多年来一直在进行相应的实践。

未来的两种可能性

在 20 世纪 90 年代的电影里，我最喜欢的作品之一是《滑动门》（*Sliding Doors*）。这部电影以伦敦为背景，格温妮丝·帕特洛（Gwyneth Paltrow）饰演的海伦丢掉了自己的公关工作，打算中午就回家。她走进地铁站跑向她要乘坐的列车，虽然上了车，却差点在车子驶离站台前错过这班车。几分钟后，完全相同的场景重演。只是这一次，当她正朝着列车跑去时，一个孩子撞到了她，她停了下来。这次耽搁导致她错过了火车，她只能站在站台上。从那里开始，电影便展开讲述了她在两种可能的未来之间来回切换：一种是她赶上那趟列车，一种是错过了那趟列车。通过整部电影的讲述，我们看到，只是因为错过了那趟火车，海伦的生活便出现了两种截然不同的结局。这部电影一直让我着迷,也许是因为我这辈子大多都能赶上各种各样的公共交通。同时也因为这个警示引发我情不自禁地思考——仅仅一个决定会对我们的未来产生多大的影响。

我们的孩子将在数字世界里长大。当我们思考这个数字世界时,我们必须在两个截然不同的可能未来之间做出选择。在一个可能的未来里,我们将继续当前的道路。我们可以马马虎虎地为孩子未来在网络上的成就铺路,只强调"不可为",只关注安全的基础知识,而不去探索关于数字幸福的其他重要属性。我们越来越能够接受这种现实:孩子们将在一个数字世界中长大,可这个世界的主要目标却是窃取他们的数据,并通过向他们提供错误的信息以此产生更多的广告收入。我们却袖手旁观,看着数字世界的算法巩固孩子们彼时的信念,并将他们禁锢在舒适的泡沫中。数字媒体控制着我们的信仰,无论这些信仰为何,也无论这些信仰是多么的错误,我们都能感受到那种虚伪的正义感,而这种正义感播撒下的隔阂将不断无情地撕裂我们的社会结构。

但是,还有另一个未来——一个更为光明的未来。在这个过程中,我们决定深思熟虑,为孩子们在数字世界的成功做好铺垫。我们认识到,教育数字公民不仅仅是网络安全教育,而是帮助我们的孩子使用数字世界来改善他们的生活和社区。我们专注于一种积极的方法,将"可以为"传授给他们，让他们掌握可以练习的技能，成为高效的数字公民。我们教他们在各种网络和现实的活动之间找到平衡。我们要求在线平台运营商必须达到我们的期望，他们必须以符合人性和民主的方式来设计自己的工具。我们期望各个政府在确保一个公正和可持续的数字世界中发挥积极作用，将支持文明置于支持利益之上。在这个未来，技术加强了我们的家庭概念，并有助于加快解决问题的步伐，从而建设一个更好的数字世界。

我们可以选择我们想要的未来。随着技术的进步，我们加速向数字世界迁移。在列车驶离车站之前，我们要做出决定是否上车，售票的窗口不会永远开启。我对我们的未来报以乐观的态度。我相信，技术将巩固、强化人类最出色的能力，并以此让我们不断进化。但同时，技术也是没有道德内心的——这就是我们要解决的问题。同样的技术可以解决人类最棘手的问题，也可以以惊人的效率分裂和毁灭我们。

数字世界现在是我们的主要居所，这一点不会改变。但是，我们如何塑造自己的数字未来，这一点则完全掌握在我们和孩子们的手中。孩子们的未来将永远离不开数字世界，让我们共同行动起来，确保那是一个健康良性的数字世界。

注 释

前言

1. International Workplace Group, "The IWG Global Workspace Survey," March 2019, https://assets.regus.com/pdfs/iwg-workplace-survey/iwg-workplace-survey-2019.pdf.
2. Andrei Zimiles, "Four New Statistics That Prove That Telemedicine Isn't Just a Pandemic Fad," Medical Economics, July 8, 2020, https://www.medicaleconomics.com/view/four-new-statistics-that-prove-that-telemedicine-isn-t-just-a-pandemic-fad.
3. Tugba Sabanoglu, "Number of Digital Buyers in the United States from 2017 to 2024," Statista, November 30, 2020, https://www.statista.com/statistics/273957/number-of-digital-buyers-in-the-united-states/; Shopify, "The Future of Ecommerce in 2021," 2021, https://www.shopify.com/enterprise/the-future-of-ecommerce.
4. Alex Shashkevich, "Meeting Online Has Become the Most Popular Way U.S. Couples Connect, Stanford Sociologist Finds," Stanford News, August 21, 2019, https://news.stanford.edu/2019/08/21/online-dating-popular-way-u-s-couples-meet/.

5. Doug Lederman, "Online Education Ascends," Inside Higher Ed, November 7, 2018, https://www.insidehighered.com/digital-learning/article/2018/11/07/new-data-online-enrollments-grow-and-share-overall-enrollment.

6. YouTube Internal Data, Global, 2017, https://www.think with google.com /marketing-strategies/video/learning-related-youtube-statistics/.

7. Roger Vincent, "That Canter's Pastrami Takeout You Ordered Might Be Coming from a Ghost Kitchen," Los Angeles Times, January 30, 2020, https://www.latimes.com/business/story/2020-01-30/that-canters-pastrami-takeout-you-ordered-might-be-coming-from-a-ghost-kitchen.

8. Miles Parks, "Exclusive: Seattle-Area Voters to Vote by Smartphone in 1st for U.S. Election," NPR, January 22, 2020, https://www.npr.org/2020/01/22/798126153/exclusive-seattle-area-voters-to-vote-by-smartphone-in-1st-for-u-s-elections.

9. Graham Kendall, "Apollo 11 Anniversary: Could an iPhone Fly Me to the Moon?" Independent, July 9, 2019, https://www.independent.co.uk/news/science/apollo-11-moon-landing-mobile-phones-smartphone-iphone-a8988351.html.

10. Nick Bilton, "Steve Jobs Was a Low-Tech Parent," New York Times, September 10, 2014, https://www.nytimes.com/2014/09/11/fashion/steve-jobs-apple-was-a-low-tech-parent.html?_r=0.

第 1 章

1. Flight Safety Australia, "178 Seconds to Live— VFR into IMC," January 22, 2016, https://www.flightsafetyaustralia.

com/2016/01/178-seconds-to-live-vfr-into-imc/.
2. Committee on Communications, "Children, Adolescents, and Advertising," Pediatrics 118, no. 6 (2006): 2563–2569.
3. Lisa Guernsey, Screen Time, Kindle ed. (New York: Basic Books, 2012), 223.
4. Keith Wagstaff, "How Target Knew a High School Girl Was Pregnant before Her Parents Did," Time, February 17, 2012, techland.time.com/2012/02/17/how-target-knew-a-high-school-girl-was-pregnant-before-her-parents/.
5. Centers for Disease Control and Prevention, " E-Cigarette Ads and Youth," https://www.cdc.gov/vitalsigns/ecigarette-ads/index.html.
6. Guernsey, Screen Time, 225.
7. Naomi Kresge, Ilya Khrennikov, and David Ramli, " Period-Tracking Apps Are Monetizing Women's Extremely Personal Data," Bloomberg Businessweek, January 24, 2019, https://www.bloomberg.com/news/articles/2019-01-24/how-period-tracking-apps-are-monetizing-women-s-extremely-personal-data.
8. Zeynep Tufekci, "We're Building a Dystopia Just to Make People Click on Ads," TED Talk, September 2017, https://www.ted.com/talks/zeynep_tufekci_we_re_building_a_dystopia_ just_to_make_people_click_on_ads.
9. Amanda Todd Legacy Society, "About Amanda, Amanda's Story," https://www.amandatoddlegacy.org/about-amanda.html.
10. Monisha Martins, "Predators Lurk Behind Computer Screens," Maple RidgePitt Meadows News, October 25, 2012, https://www.mapleridgenews.com/news/predators-lurk-behind-computer-screens/.

11. The Somebody to Know, "My Story: Struggling, Bullying, Suicide, Self Harm," YouTube video, September 7, 2012, https://www.youtube.com/watch?v=vOHXGNx-E7E.
12. Monica Anderson, "A Majority of Teens Have Experienced Some Form of Cyberbullying," Pew Research Center, September 27, 2018, https://www.pewresearch.org/internet/2018/09/27/a-majority-of-teens-have-experienced-some-form-of-cyberbullying/.
13. Young Minds, "Safety Net Report: Impact of Cyberbullying on Children's Mental Health," https://youngminds.org.uk/resources/policy-reports/cyberbullying-inquiry/; McAfee, "Teens' Online Behavior Can Get Them in Trouble," June 3, 2014, https://www.mcafee.com/blogs/consumer/family-safety/teens-and-screens/.
14. Jessica Guynn, "If You've Been Harassed Online, You're Not Alone: More Than Half of Americans Say They've Experienced Hate," USA Today, February 13, 2019, https://www.usatoday.com/story/news/2019/02/13/study-most-americans-have-been-targeted-hateful-speech-online/2846987002/; J. Clement, "Percentage of Teenagers in the United States Who Have Encountered Hate Speech on Social Media Platforms as of April 2018, by Type," Statista, October 14, 2019, https://www.statista.com/statistics/945392/teenagers-who-encounter-hate-speech-online-social-media-usa/.
15. Becky Gardiner et al., "The Dark Side of Guardian Comments," Guardian, April 12, 2016, https://www.theguardian.com/technology/2016/apr/12/the-dark-side-of-guardian-comments.
16. Sherri Gordon, "How the Bullying Tactics Politicians Use Affect Kids," Verywell Family, June 21, 2020, https://www.verywellfamily.com/5-bullying-tactics-politicians-use-and-how-it-impacts-kids-4080749.

17. Rebecca Webber, "The Comparison Trap," Psychology Today, November 2017, https://www.psychologytoday.com/us/articles/201711/the-comparison-trap.
18. Seth Stephens-Davidowitz, "Don't Let Facebook Make You Miserable," New York Times, May 6, 2017, https://www.nytimes.com/2017/05/06/opinion/sunday/dont-let-facebook-make-you-miserable.html.
19. Jacqueline Nesi and Mitchell J. Prinstein, "Using Social Media for Social Comparison and Feedback-Seeking: Gender and Popularity Moderate Associations with Depressive Symptoms," Journal of Abnormal Child Psychology 43, no. 8 (2015): 1427–1438.
20. Jasmine Garsd, "#Blessed: Is Everyone Happier Than You on Social Media?," NPR, August 6, 2018, https://www.npr.org/2018/08/06/636016812/-blessed-is-everyone-happier-than-you-on-social-media.
21. Royal Society for Public Health, "#StatusofMind," https://www.rsph.org.uk/our-work/campaigns/status-of-mind.html.
22. Eli Saslow, "'Nothing on This Page Is Real': How Lies Become Truth in Online America," Washington Post, November 17, 2018, https://www.washingtonpost.com/national/nothing-on-this-page-is-real-how-lies-become-truth-in-online-america/2018/11/17/edd44cc8-e85a-11e8-bbdb-72fdbf9d4fed_story.html; Craig Silverman, Jane Lytvynenko, and Scott Pham, "These Are 50 of the Biggest Fake News Hits on Facebook in 2017," BuzzFeed News, December 28, 2017, https://www.buzzfeednews.com/article/craigsilverman/these-are-50-of-the-biggest-fake-news-hits-on-facebook-in#.xtG2LmjYnN.
23. BBC News, "Coronavirus: How a Misleading Map Went

Global," February 19, 2020, https://www.bbc.com/news/world-51504512.

24. Knight Foundation, "Disinformation, 'Fake News' and Influence Campaigns on Twitter," October 4, 2018, https://knightfoundation.org/reports/disinformation-fake-news-and-influence-campaigns-on-twitter/.

25. Amy Watson, "Share of Adults Who Believe Fake News Is a Major Problem in the United States in 2017, by Age," Statista, December 12, 2019, https://www.statista.com/statistics/657061/fake-news-confusion-level-by-age/; Statista, "Fake News in Europe—Statistics and Facts," June 5, 2020, https://www.statista.com/topics/5833/fake-news-in-europe/.

26. Jonathan Haidt and Tobias Rose-Stockwell, "The Dark Psychology of Social Networks," Atlantic, December 2019, https://www.theatlantic.com/magazine/archive/2019/12/social-media-democracy/600763/.

27. Scott Galloway, The Four: The Hidden DNA of Amazon, Apple, Facebook, and Google (New York: Random House, 2017).

28. McAfee, "The Economic Impact of Cybercrime— No Slowing Down," accessed October 24, 2018.

29. James Bridle, "The Nightmare Videos of Children's YouTube— and What's Wrong with the Internet Today," TED Talk, April 2018, https://www.ted.com/talks/james_bridle_the_nightmare_videos_of_children_s_youtube_and_what_s_wrong_with_the_internet_today?language=en.

第 2 章

1. Ray Oldenburg, The Great Good Place: Cafes, Coffee Shops, Community Centers, Beauty Parlors, General Stores, Bars, Hangouts, and How They Get You Through the Day (New York: Paragon House, 1989).
2. D. L. Cooperrider and S. Srivastva, "Appreciative Inquiry in Organizational Life," in Research in Organizational Change and Development, vol. 1, eds. R. W. Woodman and W. A. Pasmore (Stamford, CT: JAI Press, 1987), 129–169.
3. US Department of Education, National Education Technology Plan 2016, "Future Ready Learning: Reimaging the Role of Technology in Education," https://tech.ed.gov/files/2015/12/NETP16.pdf.
4. Tim Omarzu, "Chattanooga STEM Students Control Microscote 1,800 Miles away from L.A.," Chattanooga Times Free Press, May 15, 2015, https://www.timesfreepress.com/news/local/story/2015/may/15/stem-school-chattanoogastudents-control-micro/304383/.

第 3 章

1. Angeline Lillard and Jennifer Peterson, "The Immediate Impact of Different Types of Television on Young Children's Executive Function," Pediatrics 128 (2011): 644–649.
2. American Academy of Pediatrics, news release, https://services.aap.org/en/news-room/news-releases/aap/2016/aap-announc-

es-new-recommendations-for-media-use/.
3. US Department of Education, "Early Learning and Educational Technology Policy Brief," October 2016, https://tech.ed.gov/files/2016/10/Early-Learning-Tech-Policy-Brief.pdf.
4. World Health Organization, "Guidelines on Physical Activity, Sedentary Behaviour, and Sleep," https://apps.who.int/iris/bitstream/handle/10665/325147/WHO-NMH-PND-2019.4-eng.pdf.
5. US Department of Education, National Education Technology Plan 2016, "Future Ready Learning: Reimaging the Role of Technology in Education," https://tech.ed.gov/files/2015/12/NETP16.pdf.
6. Thomas H. Davenport and John C. Beck, The Attention Economy: Understanding the New Currency of Business (Boston: Harvard Business School Press, 2002).
7. Shalini Paruthi et al., "Recommended Amount of Sleep for Pediatric Populations: A Consensus Statement of the American Academy of Sleep Medicine," Journal of Clinical Sleep Medicine 12, no. 6 (2016): 785–786; Eric Suni, "How Much Sleep Do We Really Need?" SleepFoundation.org, July 31, 2020, https://www.sleepfoundation.org/how-sleep-works/how-much-sleep-do-we-really-need.
8. Katherine T. Baum et al., "Sleep Restriction Worsens Mood and Emotion Regulation in Adolescents," Journal of Child Psychology and Psychiatry 55, no. 2 (2014): 180–190; Nicole Lovato and Michael Gradisar, "A Meta-Analysis and Model of the Relationship between Sleep and Depression in Adolescents: Recommendations for Future Research and Clinical Practice," Sleep Medicines Review 18, no. 6 (2014): 521–529; Lauren Hale

et al., "Youth Screen Media Habits and Sleep: Sleep-Friendly Screen-Behavior Recommendations for Clinicians, Educators, and Parents," Child Adolescent Psychiatry Clinics of North America 27, no. 2 (2018): 229–245.

9. A. M. Williamson and Anne-Marie Feyer, "Moderate Sleep Deprivation Produces Impairments in Cognitive and Motor Performance Equivalent to Legally Prescribed Levels of Alcohol Intoxication," Occupational and Environmental Medicine 57 (2000): 649–655; Lissette Calveiro, "Studies Show Sleep Deprivation Performance Is Similar to Being under the Influence of Alcohol," HuffPost, March 31, 2016, https://www.huffpost.com/entry/studies-show-sleep-deprivation-performance-is-similar-to-being-under-the-influence-of-alcohol_b_9562992.

10. Angelina Maric et al., "Insufficient Sleep: Enhanced Risk-Seeking Relates to Low Local Sleep Intensity," Annals of Neurology 82, no. 3 (2017): 409–418.

11. Health Sleep, "Sleep, Learning, and Memory," http://healthysleep.med.harvard.edu/healthy/matters/benefits-of-sleep/learning-memory.

12. Hale et al., "Youth Screen Media Habits and Sleep."

13. National Sleep Foundation, "Three Ways Gadgets Are Keeping You Awake," https://www.sleep.org/ways-technology-affects-sleep/.

14. Sydney Johnson, "Almost a Third of Teenagers Sleep with Phones, Survey Finds," EdSource, May 28, 2019, https://edsource.org/2019/almost-a-third-of-teenagers-sleep-with-their-phones-survey-finds/612995.

15. Rina Raphael, "Netflix CEO Reed Hastings: Sleep Is Our Competition," Fast Company, November 6, 2017, https://www.

fastcompany.com/40491939/netflix-ceo-reed-hastings-sleep-is-our-competition.

16. Natasha Frost, "Mark Zuckerberg Built Priscilla Chan a Screen-Free Bedside Alarm," Quartz, April 28, 2019, https://qz.com/1606848/mark-zuckerberg-built-priscilla-chan-a-screen-free-bedside-alarm/.

17. Participatory Learning Leadership and Policy, "Rethinking Acceptable Use Policies to Enable Digital Learning: A Guide for School Districts," revised March 2013, https://www.cosn.org/sites/default/files/pdf/Revised%20AUP%20March%202013_final.pdf.

18. Renton School District, "Responsible Use Policy," https://www.rentonschools.us/learning-and-teaching/digital-learning/responsible-use-policy; Champlain Valley School District, "Technology Use Guidelines for Students," https://docs.google.com/document/d/1A9jyIDk-LL7Ltk_2kThwutMgfNEC-QOtfttOhaECkn-c/edit.

19. Participatory Learning Leadership and Policy, "Rethinking Acceptable Use Policies to Enable Digital Learning: A Guide for School Districts."

第 4 章

1. Jacob Soll, "The Long and Brutal History of Fake News," Politico Magazine, December 18, 2016, https://www.politico.com/magazine/story/2016/12/fake-news-history-long-violent-214535.

2. Angela Moon, "Two-Thirds of American Adults Get News from Social Media: Survey," Reuters, September 8, 2017, https://

www.reuters.com/article/us-usa-internet-socialmedia/two-thirds-of-american-adults-get-news-from-social-media-survey-idUSKCN1BJ2A8.
3. Soroush Vosoughi, Deb Roy, and Sinan Aral, "The Spread of False News Online," Science 359, no. 6380 (2018): 1146–1151.
4. Craig Silverman, "This Analysis Shows How Viral Fake Election News Stories Outperformed Real News on Facebook," BuzzFeed News, November 16, 2016, https://www.buzzfeednews.com/article/craigsilverman/viral-fake-election-news-outperformed-real-news-on-facebook.
5. Sheera Frenkel, "Facebook to End News Feed Experiment in 6 Countries That Magnified Fake News," New York Times, March 1, 2018, https://www.nytimes.com/2018/03/01/technology/facebook-end-news-feed-experiment-six-countries-that-magnified-fake-news.html.
6. D. J. Leu et al., "Defining Online Reading Comprehension: Using Think Aloud Verbal Protocols to Refine a Preliminary Model of Internet Reading Comprehension Processes" (Annual Meeting of the American Educational Research Association, Chicago, IL, April 9, 2007).
7. Jenny Anderson, "Only 9% of 15-Year-Olds Can Tell the Difference between Fact and Opinion," Quartz, December 3, 2019, https://qz.com/1759474/only-9-percent-of-15-year-olds-can-distinguish-between-fact-and-opinion/.
8. Brooke Donald, "Stanford Researchers Find Students Have Trouble Judging the Credibility of Information Online," Stanford Graduate School of Education, November 22, 2016, https://ed.stanford.edu/news/stanford-researchers-find-students-have-trouble-judging-credibility-information-online.

9. Dan Kopf, "Want to Save Democracy? Try Teaching Kids to Read Charts," Quartz, January 6, 2019, https://qz.com/1307848/people-dont-understand-how-to-read-charts-fixing-it-starts-with-kids/.
10. Mihai Andrei, "Study Shows Wikipedia Accuracy Is 99.5%," ZME Science, February 22, 2019, https://www.zmescience.com/science/study-wikipedia-25092014/.
11. Todd Rose, The End of Average: How We Succeed in a World That Values Sameness (New York: HarperOne, 2016).

第 5 章

1. David DiSalvo, What Makes Your Brain Happy and Why You Should Do the Opposite (Buffalo, NY: Prometheus, 2011).
2. Robert Burton, On Being Certain: Believing You Are Right Even When You're Not (New York: St. Martin's Griffin, 2009).
3. Project Implicit, https://implicit.harvard.edu/.
4. Zeynep Tufekci, "YouTube, the Great Radicalizer," New York Times, March 10, 2018, https://www.nytimes.com/2018/03/10/opinion/sunday/youtube-politics-radical.html.
5. Sanah Jivani quotes from an interview with author, February 13, 2020.
6. Pew Research Center, "Teens, Kindness, and Cruelty on Social Network Sites," November 9, 2011, https://www.pewresearch.org/internet/2011/11/09/teens-kindness-and-cruelty-on-social-network-sites-2/.
7. Sharon Padgett and Charles E. Notar, "Bystanders Are the Key to Stopping Bullying," Universal Journal of Educational Re-

search 1, no. 2 (2013): 33–41.
8. Amanda Scherker, "When This Girl Was Bullied over Her Prom Dress, Her Entire Community Stood up for Her," HuffPost, January 13, 2015, https://www.huffpost.com/entry/girl-prom-dress-bullied_n_6462806.

第 6 章

1. Richard Paul Evans, The Spyglass: A Book About Faith (New York: Aladdin, 2014).
2. Jonah Engel Bromwich, "How the Parkland Students Got So Good at Social Media," New York Times, March 7, 2018, https://www.nytimes.com/2018/03/07/us/parkland-students-social-media.html.
3. Joseph South, "Civic Engagement Goes Viral When Young Voices Turn to Social Media," Medium, July 20, 2018, https://medium.com/office-of-citizen/civic-engagement-goes-viral-when-young-voices-turn-to-social-media-ea57ed0c5d65.
4. Simon Owens, "How Change.org Is Mastering the Science of Micro- Activism," U.S. News and World Report, September 7, 2012, https://www.usnews.com/news/articles/2012/09/07/how-changeorg-is-mastering-the-science-of-micro-activism.
5. School Retool, https://schoolretool.org/.
6. See "P1, Mrs. Jalland, and Ellie Elephant," Twitter, https://twitter.com/ellie primary1.
7. See "Teaching Global Citizenship Using Social Media and an Elephant—The Videos," Microsoft Sway, https://sway.office.com/Rh3QGqWio3PHfZzJ.

8. West quarter Primary, "Twin a Toilet," YouTube video, December 5, 2017, https://www.youtube.com/watch?time_continue=1&v=6NvRljCkLSQ.
9. Stats from "Be My Eyes," https://www.Be My Eyes.com.
10. National Human Trafficking Hotline, "The Victims," https://human- trafficking hotline.org/what-human-trafficking/human-trafficking/victims.
11. TraffickCam, https://traffickcam.com/about.
12. Cancer Research UK, "Protein Folding Becomes Cancer Treatment Target," Medical Xpress, December 3, 2013, https://medicalxpress.com/news/2013-12-protein-cancer-treatment.html.
13. Firas Khatib et al., "Crystal Structure of a Monomeric Retroviral Protease Solved by Protein Folding Game Players," Nature Structural Molecular Biology 18, no 10. (2011): 1175–1177.
14. Turner and Graham quotes from an interview with the author, 2019.
15. Sue Shellenbarger, "The Secret Benefits of Retelling Family Stories," Wall Street Journal, November 11, 2019, https://www.wsj.com/articles/the-secret-benefits-of-retelling-family-stories-11573468201.
16. Robin Fivush, "Collective Stories in Families Teach Us about Ourselves," Psychology Today, February 2, 2017, https://www.psychologytoday.com/us/blog/the-stories-our-lives/201702/collective-stories-in-families-teach-us-about-ourselves.
17. John Roach, "17-Year-Old Girl Builds Artificial 'Brain' to Detect Breast Cancer," NBC News, July 24, 2012, https://www.nbcnews.com/technology/17-year-old-girl-builds-artificial-brain-detect-breast-cancer-908308.

18. Ipsita Basu, "Two Teenagers Developed an App That Links Volunteers and Non-Profit Organisations," Economic Times, December 11, 2017, https://economictimes.indiatimes.com/magazines/panache/two-teenagers-developed-an-app-that-links-volunteers-and-non-profit-organisations/articleshow/62018585.cms.
19. Snow Day Calculator, https://www.snowdaycalculator.com/about php?open=true&.

第 7 章

1. Office of Nuclear Energy, "Advantages and Challenges of Nuclear Energy," February 4, 20202, https://www.energy.gov/ne/articles/advantages-and-challenges-nuclear-energy.
2. Nick Huss, "How Many Websites Are There Around the World (2020)?" Siteefy, November 20, 2020, https://www.millforbusiness.com/how-many-websites-are-there/.
3. Anti-Defamation League, "Cyberbullying Warning Signs," https://www.adl.org/resources/tools-and-strategies/cyberbullying-warning-signs.

第 8 章

1. Flickr Community guidelines, https://www.flickr.com/help/guidelines/.
2. Jay Hathaway, "This Twitter Bot Tricks Angry Trolls into Arguing with It for Hours," Daily Dot, February 28, 2020, https://www.dailydot.com/unclick/arguebot-twitter-bot-bait-jerks/.

3. Bobby Allyn, "Researchers: Nearly Half of Accounts Tweeting about Coronavirus Are Likely Bots," NPR, May 20, 2020, https://www.npr.org/sections/coronavirus-live-updates/2020/05/20/859814085/researchers-nearly-half-of-accounts-tweeting-about-coronavirus-are-likely-bots; Zoey Chong, "Up to 48 Million Twitter Accounts Are Bots, Study Says," CNET, March 14, 2017, https://www.cnet.com/news/new-study-says-almost-15-percent-of-twitter-accounts-are-bots/.

4. Michael H. Keller, "The Flourishing Business of Fake YouTube Views," New York Times, August 11, 2018, https://www.nytimes.com/interactive/2018/08/11/technology/youtube-fake-view-sellers.html.

5. Emily Stewart, "Facebook Has Taken Down Billions of Fake Accounts, But the Problem Is Still Getting Worse," Vox, May 23, 2019, https://www.vox.com/recode/2019/5/23/18637596/facebook-fake-accounts-transparency-mark-zuckerberg-report.

6. Aarti Shahani, "Twitter Adds Warning Label for Offensive Political Tweets," NPR, June 27, 2019, https://www.npr.org/2019/06/27/736668003/twitter-adds-warning-label-for-offensive-political-tweets.

7. Ryan Mac and John Paczkowski, "Apple Has Threatened to Ban Parler from the App Store," BuzzFeed News, January 8, 2021, https://www.buzzfeednews.com/article/ryanmac/apple-threatens-ban-parler.

8. Adam Satariano, "'This Is a New Phase': Europe Shifts Tactics to Limit Tech's Power," New York Times, July 30, 2020, https://www.nytimes.com/2020/07/30/technology/europe-new-phase-tech-amazon-apple-facebook-google.html.

9. Committee on Communications, "Children, Adolescents, and

Advertising," Pediatrics 118, no. 6 (2006): 2563–2569.
10. Wafa Ben-Hassine, "Government Policy for the Internet Must Be Rights-Based and User-Centred," UN Chronicle, accessed January 14, 2021, https://www.un.org/en/chronicle/article/government-policy-internet-must-be-rights-based-and-user-centred.
11. Jaron Lanier and E. Glen Weyl, "A Blueprint for a Better Digital Society," HBR.org, September 26, 2018, https://hbr.org/2018/09/a-blueprint-for-a-better-digital-society.
12. Calling Bullshit syllabus, see https://www.callingbullshit.org/syllabus.html.
13. Peter Kelley, "After Much Media Attention, UW Information School's 'Calling BS' Class Begins," UW News, March 28, 2017, https://www.washington.edu/news/2017/03/28/after-much-media-attention-uw-information-schools-calling-bs-class-begins/.
14. Rebecca Koenig, "Meet the Newest Liberal Art: Coding," EdSurge, February 5, 2020, https://www.edsurge.com/news/2020-02-05-meet-the-newest-liberal-art-coding.
15. Congressional Research Service, "Federal Research and Development (R&D) Funding: FY2020," updated March 18, 2020, https://fas.org/sgp/crs/misc/R45715.pdf.
16. Providence Public Library, "Teen Squad," https://www.provlib.org/education/teen-squad/.

第9章

1. Emily Feng, "How China Is Using Facial Recognition Technology," NPR, December 16, 2019, https://www.npr.org/2019/12/16/

788597818/how-china-is-using-facial-recognition-technology.

2. Kashmir Hill, "Wrongfully Accused by an Algorithm," New York Times, June 24, 2020, https://www.nytimes.com/2020/06/24/technology/facial-recognition-arrest.html.

3. Catherine Stupp, "Fraudsters Used AI to Mimic CEO's Voice in Unusual Cybercrime Case," Wall Street Journal, August 30, 2019, https://www.wsj.com/articles/fraudsters-use-ai-to-mimic-ceos-voice-in-unusual-cybercrime-case-11567157402.

4. Jaron Lanier, "How We Need to Remake the Internet," TED Talk, April 2018, https://www.ted.com/talks/jaron_lanier_how_we_need_to_remake_the_internet?language=en.

致　谢

本书中分享的观点和理念是作者与孩子、父母、技术创新者和教育专家数十年苦心钻研的合作成果。换言之，如果你觉得本书中的任何想法对你有帮助，那得感谢以下这些朋友，他们慷慨地和我分享经验，他们的分享让我尽情散发思维。我很幸运能与阿恩·邓肯（Arne Duncan）、艾力·马西（Elliott Masie）、乔纳森·凯斯（Jonathan Kayes）、大卫·埃格伯特（David Egbert）、阿尔·默克利（Al Merkley）、贝丝·诺维克（Beth Noveck）、达纳·卡普（Dana Karp）、保罗·艾伦（Paul Allen）和詹姆斯·贝尔德（James Baird）等人相识，他们是最难得的、最好的人生导师。

谈到数字公民这个话题，我特别感谢埃里克·马丁（Erik Martin）、埃利·帕里瑟（Eli Pariser）、雷尼·霍布斯（Renee Hobbs）、艾米丽·戴维斯（Emily Davis）、贾伦·拉尼尔（Jaron Lanier）、泽内普·图费克奇（Zeynep Tufukeci）、马丽娜·尼兹（Marina Nitze）和丽莎·格恩西（Lisa Guernsey）的见解和启发。他们的不懈努力正在帮助我们所有人创造一个更美好的数字世界。

此书的完成还需要向很多人表达谢意。很感谢珊迪·斯派克尔（Sandy Speicher）、薇拉·帕尔曼（Willa Perlman）和曼诺诗·左莫若迪对我的鼓励，他们甚至在书稿完成之前就对书中的观点坚信不疑，他们的信任使我备受鼓舞。哈佛商业评论出版社的团队简直完美高效，我实在无法用语言表达我的感激之情，尤其是科特尼·凯诗曼（Courtney Cashman），他耐心地帮助我修改文稿，让我的观点受众更广，还有简·格博哈特（Jane Gebhart），她敏锐的眼光和细致的文案编辑使这些概念具有可读性，同时也提醒了我，需要格外注意标点符号的使用。

我要感谢狄安娜·佩奇（Tiana Page）、莫莉·卡文诺尔（Mollie Kavanaugh）、布里塔尼·辛格顿（Brittany Singleton）以及国际教育技术学会（International Society for Technology in Education，简称ISTE）的优秀创新团队，感谢他们一直在我身后激励我并提出重要问题；感谢贾娜·帕特森（Janna Patterson）帮助我寻找数据和例证来证明本书中的观点，同时始终确保例证的有效性和时效性；还有约瑟夫·南（Joseph South），一个深思熟虑、坚定不移的人，将整本书提升到了一个新等级。因为他具有一种特有的能力，能将我的平庸想法变成精彩观点。

我深深地感谢我的父母：感谢我的父亲理查德·库拉塔（Rich Culatta），他不仅是本书不可或缺的思想伙伴，而且与我同名，总是让我的网络搜索结果看起来比其他人的更令人印象深刻；我的母亲芭芭拉·库拉塔（Barbara Culatta）总是鼓励我的好奇心并拓展我的世界观。还有让·库拉塔（Jan Culatta），他教会了我坚忍和自信。梅琳达·贝尔德（Melinda Baird）则是与我心有灵犀的朋友。

最后，我非常感谢我的家人。当我把自己封闭起来写作时，我的妻子桑德拉一边忍受孤独，一边试图通过在线学习指导我们的四个孩子。她是天才，启发了本书中的许多观点，而且她善解人意，允许我花更多的时间去完成我的写作。还有我的四个了不起的孩子，他们都愿意成为我疯狂想法的实验对象，认真又负责。孩子们让这个世界变得越发美好，感谢你们对母亲的陪伴。哦，还要感谢贝利（Bailey），在我应该写作的时候吮我的手指，让我缓解疲惫的状态。

译 后 记

这是一本关于在网络化、数字化的今天如何开展家庭教育、培养未来数字公民的书。该书首先列举了现代人在数字空间里的各种功能紊乱症状，指出教育孩子恰当使用数字技术的重要性、紧迫性。随后作者提出了自己基于调查研究而归纳出的未来数字公民所应具备的能力，分别是"均衡安排""见多识广""平和包容""积极参与"和"保持警觉"。作者就每一项特征阐释了具体含义和培养建议。最后，作者指出保持数字公民的健康是一项团队活动，父母、家庭成员、学校、社区需齐心协力，共同面对这一艰巨挑战。

该书作者库拉塔是学习创新研究和技术战略研究方面的专家，有多年教育技术开发应用的经验。因此，他在本书中纵横捭阖、侃侃而谈，其行文既有教育理论家的犀利和深度，也有教育实践者的灵活和广博。

拿到此书时，我心中十分钦佩中译出版社的独到眼光，此书虽看似家庭教育类读本,但其所选研究题目时代性强、针对性强,正是目前国内关注的热点问题(如前不久出台的关于中小学生玩网络游戏的规定,及社会上关于中小学生能否/应否使用手机学习、能否/应否带手机去学校的争论等),而此时引进其他国家在这方面的研究成果,无疑有助于国内教育研究者、工作者和家长打开思路,深入探讨这些问题的本质,并立足长远提出更加完备的解决方案。我相信读者一定能从此书中获益匪浅。

根据国内译学界"译者行为批评"学派创始人周领顺的观点,译者是兼具语言性与社会性、兼顾翻译内因素和翻译外因素、借译语再现源语意义之执行者。译者的行为处于"求真——务实"连续统内:"求真"是求原文、原作者之真,也即语言内文本层面,译文与原文的相似度越高,求真度亦越高;"务实"则是对语言外社会因素的考量,比如读者等的要求。"求真"与"务实"处于连续统的两端,所有的翻译者、翻译产品和翻译活动均处于连续统内不同点。当然,物极必反,完全"求真"不考虑"务实",紧跟原文句法结构,只会陷入死译、硬译的泥淖,反而无法"务实"。完全"务实"脱离原文,又会使翻译成为无本之木,超出翻译的范畴,沦落为"非译"。有鉴于此,译者在翻译这本书时,努力平衡"求真度"与"务实度"。书中流畅的译文并非不"求真",是"求真"中包含"务实";有些表达感觉异域但意义明了,并非不"务实",是"务实"中兼顾"求真"。以下挑选几方面略做解释。

译者首先面临的难题是教育领域和数字技术领域的词句表达,虽然作者在"致谢"中坦言自己力求行文简单易懂,但特定词句的意义却与特定领域的信息网密不可分,没有此领域信息背景的读者仍会感觉有隔阂。因此对于专业性技术性表达法,译者未敢有丝毫懈怠,始终提醒自己:失之毫厘,谬以千里。在语言转换时,首先考虑"求真",遵循约定俗成的、已被普遍接受的前人译法,确需创新时,也是谨翻慎译,力求意义不含糊、不扭曲。其次是本书原作者丰富多变的风格,本书虽定位面向普罗大众,但由于原作者深厚的学识背景和从业经验,其行文有时正式、严肃,学术性强,有时又家常、随意,亲和力强,所以译者在处理时细心揣摩、反复咀嚼,平衡"求真"与"务实"后,才敢落笔成文。最后,就是文化(负载)词(表达法)了。尽管本书不是文学类书籍,然而其涉猎到的文化信息却不胜枚举,小到电影、游戏名,大到美国各项政策法令。这些信息对于美国读者而言一目了然,对山水异域的中国读者来说却往往一头雾水、不知所云。译者在这里既需求"对原文、原作者"之真,也需务"中国读者需求"之实,因此多采用解释、加注(简短的,多用文内解释增译法,稍详尽的,多用脚注)的方法,力求译文畅达明白。以上略举三点以证译者在"求真——务实"连续统内的反复考量、调整与平衡。

译事不易，然译者却甘之如饴，盖因翻译乃人类文明交流之桥梁，择彼国优秀成果广播于本国，进而引发思考、激发行动，推动国内教育改革以解决数字世界中人类共同面对之问题、培养能充分挖掘数字技术潜力以造福全人类之未来数字公民，岂非善举？译事结束，意犹未尽，遂以译者身份反思自己的翻译过程、原则和策略。虽说译者也是自己译文的读者，也具有译评者身份，但"不识庐山真面目，只缘身在此山中"，对译文的评价还是留给广大读者。

时间仓促，本书译文仍有许多值得提升及改进之处，敬请读者批评指正！

刘立